Abend-Oasen

Albert Biesinger
Barbara Berger
Marlies Miller-Holzem

Abend-Oasen

GESCHICHTEN –RITUALE – GEBETE – SPIELE

Ein Gute-Nacht-Buch für junge Familien

Mit Bildern
von Thomas Hessler

Kösel

ISBN 3-466-36584-8

Druck und Bindung: Kösel, Kempten
Umschlag: Agentur Kosch, München
Umschlagmotiv: zefa visual gmbh – Fotograf: H. Kehrer

Vorwort

Kinder brauchen mehr. Mehr als Essen und Trinken, Wohnung und Kleidung. Kinder brauchen Zeit, Vertrauen, Geborgenheit, Zuwendung und Zärtlichkeit …

In vielen Familien gibt es feste Rituale, die den Kindern helfen, Sicherheit und Orientierung für ihr Leben zu gewinnen. Vor allem der Abend und das Zubettgehen sind gute Zeitpunkte für ein solches Ritual. Neben Zähneputzen und Umziehen kann die Familie sich Zeit nehmen für eine ganz besondere »Tagesschau«, für einen Durchgang durch den Tag: Was war heute schön? – Was war nicht so schön? – Und all das sagen wir Gott und einander.

Für solche **Abend-Oasen** machen wir Ihnen Gestaltungsangebote: Familienrituale rund ums Zubettgehen. Wie Oasen in der Wüste soll der Abendritus ein Treffpunkt für alle sein, wo sie ausruhen, sich erholen und »auftanken« können. Das Innehalten am Abend, das gemeinsame Bedenken der Geschehnisse am Tag und das Verabschieden des Tages in die Nacht hinein sollen Eltern und Kindern gut tun und die Gemeinschaft in der Familie stärken.

Ein **Stern** begleitet Sie auf allen Seiten und als Lesezeichen durch das Buch: Wo Kinder und Eltern miteinander ihr Leben teilen und es Gott mitteilen, wird es heller. Das Verständnis füreinander und die Zuneigung wächst – auch wenn der Tag selbst vielleicht anstrengend war und das Zusammenleben manchmal voller Reibungen ist.

Wie Sie in Ihren Familien die Abend-Oasen nutzen können:

Das Buch ist in Wochen und Monate eingeteilt und folgt dem Jahreskreis.

Jedem Monat ist eine Bildseite vorangestellt, die die Themen des Monats »einzufangen« versucht. Viele Kinder mögen es, ein solches Bild lange zu betrachten und sich gemeinsam mit den Eltern darüber auszutauschen. Kleinere Kinder sagen vielleicht (noch) nicht viel, nehmen aber beim Betrachten dennoch starke Eindrücke in ihre Seele auf. Beachten Sie bitte die Lesehinweise für die Monatsbilder in jeder ersten Woche eines Monats.

Manche Texte nehmen jahreszeitliche Themen auf und laden die Familie ein, die Veränderungen in der Natur wahrzunehmen und sich abends in der Oase davon zu erzählen.

Andere Texte sind Angebote, das Geschehen in der Familie abends noch einmal zu betrachten und zu besprechen. Wo es tagsüber Streit gegeben hat, wo ein Geburtstag oder ein anderes Fest ansteht, kann eine passend ausgewählte Oase das Erlebte verdichten und zu einem guten Abschluss bringen. Je nach Anlass können Sie aus der Übersicht (S. 8–9) auch in einen anderen Monat springen und sich Ihre für Sie stimmende Oase auswählen.

Schön ist es auch, sich abends einfach einmal eine der vielen Geschichten vorzulesen: als Gute-Nacht-Gruß oder Betthupferl.

Manche Oasen laden dazu ein, tagsüber schon Vorbereitungen zu treffen: etwas zu basteln, etwas aus der Natur hereinzuholen oder eine Mahlzeit vorzubereiten. Da ist es sinnvoll, nicht erst am Abend ins Buch zu schauen.

Jeder Monat trägt hier im Buch eine bestimme Farbigkeit. Beginnen kann der gemeinsame Abendritus mit dem Anzünden einer Kerze, die hinter ein Bild mit farbigem Seidenpapier gestellt wird, das die Farbe des jeweiligen Monats aufleuchten lässt.

Das Buch enthält bewusst keine Abend-Oasen für jeden Tag. Wir wollen nicht den ohnehin vorhandenen Druck auf Sie als Eltern noch erhöhen. Die Abend-Oasen wollen vielmehr Geschenke sein, »Langsamkeit zu entdecken«, aus dem Alltagsstress herauszutreten, den Tag zu überdenken und den Blick zu weiten für andere Ideen und neue Möglichkeiten, das Leben zu sehen.

Kinder – und Eltern – brauchen mehr. Wo Menschen sich gegenseitig Zeit schenken, wo Menschen sich gegenseitig Gott schenken, machen sie einander das wertvollste Geschenk.

Albert Biesinger, Barbara Berger, Marlies Mittler-Holzem

Die Abend-Oasen

Januar

Februar

März

April

Mai

Juni

übers Jahr verteilt

Juli

August

September

Oktober

November

Dezember

Januar

1. Winter

UNSER MONATSBILD: JANUAR

Der Winter kann Spaß machen. Schneemänner und Schneefrauen zu bauen bringt Eltern und Kinder zusammen.

Unser Blick fällt hinaus auf die verschneiten Dächer und Bäume und auf Licht. Wir suchen unsern Stern: Der Stern der Abend-Oase begleitet uns auch in Kälte und Matsch. Er ist ein zuverlässiges Licht durch das ganze Jahr.

Mitten im Winter – Eine Geschichte

Die Tage sind noch kurz. Schon mitten am Nachmittag wird es so dunkel, dass wir das Licht einschalten müssen. Ich mag es, wenn meine Mama dann eine Kerze anzündet oder Orangenöl in unsere Duftlampe tropft und ein kleines Licht darunter anzündet. Bald duftet das ganze Zimmer. Ich sehe mir gern das flackernde Licht in der kleinen Lampe an.

Draußen ist es dann nicht so gemütlich: Es regnet oder nieselt oft, und morgens, wenn ich in den Kindergarten gehe, ist es neblig und schrecklich kalt. Meine Mama hat meine dicke Winterjacke, den Schal, meine Mütze und die Handschuhe aus dem Schrank geholt, damit ich mich nicht erkälte.

Und dann, eines Morgens ist er wirklich da: der Winter! Woran ich das merke? Ich bin in meinem Bett wach geworden und mache die Augen auf – und gleich fällt es mir auf: In meinem Zimmer ist ein ganz besonderes, wunderbares Licht, es ist heller als in den letzten Wochen. Ich spitze die Ohren und lausche, was sich draußen tut. Die Welt da draußen vor meinem Fenster ist heute viel leiser als sonst: Ich höre kaum die Geräusche der Autos, die auf der Straße fahren. Und dann höre ich noch etwas: Das klingt nach einer Schneeschippe ...! Da springe ich aus dem warmen Bett und laufe zum Fenster – und: Alles ist weiß! Das Dach vom Haus gegenüber, die Autos, die Wiese ... Sogar auf der Straße ist der Schnee liegen geblieben und unser Nachbar ist schon eifrig mit der Schneeschippe unterwegs.

Barbara Berger

Wintergedanken

Jedes Jahr kommt der Winter.

Es wird kalt und die Natur wird mit einer weichen Decke aus Schnee zugedeckt. Die Erde kann sich dann ausruhen und erholen. Unter der weichen Schneedecke sammeln die Wurzeln der Pflanzen neue Kraft für den Frühling. Das Leben in der Natur geht im Winter viel langsamer vor sich.

Der Winter kann auch eine Zeit sein, in der wir Menschen das Leben bewusst ein bisschen langsamer und ruhiger leben: Die Tage sind kürzer; es wird früher dunkel.

Die Abende können wir miteinander genießen und es uns in der warmen Wohnung gemütlich machen. Wir feiern unsere Abend-Oase.

Gebet

Guter Gott,
du hast den Regen und die Sonne gemacht,
die Pflanzen und die Tiere und mich selbst.
Du hast den Frühling und den Sommer gemacht,
den Herbst und den Winter.
Du hast die Sterne und den Mond gemacht,
den hellen Tag und die dunkle Nacht.
Alles hast du erschaffen für uns Menschen.
Wir danken dir dafür.
Amen.

Albert Biesinger

2. Schnee

Der erste Schnee –eine Geschichte

Schnee, Schnee, Schnee,
überall liegt Schnee!
Schnee fällt auf die Nasenspitze,
Schnee fällt auf die Zipfelmütze!
Schnee, Schnee, Schnee,
überall liegt Schnee!

Lisa sitzt in der Küche auf dem Fenstersims, schaut in den Garten und singt begeistert dieses Lied, das sie letzte Woche im Kindergarten gelernt hat. Aber heute sieht sie leider noch gar keinen Schnee. Im Garten ist der Boden braun, die Grashalme in der Wiese sind verstrubbelt und liegen müde auf dem Boden – in den letzten Tagen ist es so kalt gewesen, dass der Boden gefroren ist – das hat der Papa von Lisa gesagt.

Lisa guckt und guckt …

… und schaut auf einmal sehr angestrengt aus dem Fenster. Sie ist sich gar nicht sicher, ob das wahr ist, was sie da im Garten sieht! Aber doch, nun wird es immer deutlicher: Da fallen dicke Flocken vom Himmel.

Lisa springt auf und rennt zu ihrer Mama ins Wohnzimmer: »Mama! Mama, schau doch mal, es schneit! Da kommt Schnee aus dem Himmel!« Die Mutter blickt von ihrem Buch auf: »Wirklich? Bist du sicher? Im Wetterbericht kam gar nichts davon.« »Doch, Mama, wirklich: Es schneit! Komm doch mal, und schau!« Lisa zerrt am Pulli ihrer Mutter. Die beiden gehen zur Terrassentüre und schauen in den Garten, und wirklich: Immer mehr dicke Flocken fallen aus den grauen Wolken. Lisa ist begeistert, heute ist es endlich so weit: Der erste Schnee in diesem Winter ist gefallen!

»Morgen können wir vielleicht schon unseren ersten Schneemann bauen! Und eine Schneeballschlacht wird es bestimmt auch geben!« Lisa fällt ein, was sie letztes Jahr mit diesem herrlichen Schnee alles gemacht hat. Und schon wieder fallen dicke, weiche Flocken vom Himmel!

Wie sich Lisa freut! Sie tanzt los, singt vor Freude und springt in der ganzen Wohnung herum ...!

Schneegedanken

Kinder freuen sich meistens sehr über den Winter und vor allem über den Schnee.

Sie lieben es, im Schnee zu toben, Schneeballschlachten zu machen und Schneemänner zu bauen. Je nach Region können sie auch Schlitten oder Ski fahren.

Erwachsene sind manchmal gar nicht so begeistert vom Winter und dem Schnee: Sie müssen Winterreifen fürs Auto kaufen und beim Autofahren sehr vorsichtig sein, weil es auf der Straße rutschig und gefährlich ist.

Anregung

Ihr könnt die Veränderungen der Natur im Winter ganz bewusst miterleben:

Habt ihr zum Beispiel schon einmal Schneeflocken unter der Lupe betrachtet? – Holt euch heute Abend etwas Schnee. Die Schneeflocken sind wunderschöne winzige Eiskristalle, und jede Schneeflocke sieht anders aus, jede hat ihre eigene Schönheit und Einzigartigkeit. Eine ist schöner als die andere!

Gebet

Guter Gott,
du hast dir den Frühling ausgedacht,
den Sommer, den Herbst und auch den Winter.
Jede Jahreszeit hat ihre besonderen Schönheiten,
jede hat ihre besonderen Wunder.

Ich bin froh, dass du dir für den Winter
etwas so Schönes wie den Schnee ausgedacht hast:
Ich kann mit dem Schnee spielen,
ich kann die Flocken fangen,
wenn sie aus dem Himmel fallen.
Ich kann mir die Schneeflocken anschauen
und über ihre Schönheit staunen.
Danke, guter Gott!
Amen.

Barbara Berger

3. Sonntag

Die Bibel erzählt in ihren ersten Kapiteln davon, wie Gott die Welt erschaffen hat:

Sechs Tage lang ist Gott unermüdlich beschäftigt, Himmel und Erde, Land und Wasser, alle Tiere, die Pflanzen und die Menschen zu erschaffen. Dann berichtet der Text vom siebten Tag:

»Gott vollendete am siebten Tag seine Arbeit, die er gemacht hatte, und er ruhte am siebten Tag aus von all seiner Arbeit, die er gemacht hatte.
Und Gott segnete den siebten Tag und heiligte ihn, denn Gott ruhte an ihm aus von all seiner Arbeit, die er unermüdlich geschaffen hatte.«

(Genesis 2,2–3)

Sechs Tage hat Gott gearbeitet – am siebten Tag ruht Gott aus. Gott sieht sich das Werk der Schöpfungswoche an, bestaunt es und freut sich: »Ja, das habe ich wirklich gut gemacht.«

Anregung

Auch wir können unseren Ruhetag, den Sonntag, nutzen. Wir nehmen uns am Abend Zeit, die Arbeit der Woche zu bestaunen und von ihr auszuruhen. Wir können uns erzählen, was wir in der letzten Woche gemacht haben und was besonders gut gelungen ist. Wir können uns gemeinsam daran freuen, wir können stolz aufeinander, auf unsere Familie sein. Wir können für unsere ganz verschiedenen Arbeiten Lichter anzünden.

Zum Abschluss erzählen wir Gott von unserer Freude:

Gebet

Gott, sonntags sind wir oft alle zusammen.
Wir müssen nicht nach der Uhr leben,
wir haben Zeit – manchmal jedenfalls.
Wir essen alle zusammen, und der Tisch ist schön gedeckt.
Wir haben Zeit, uns von unseren Erlebnissen zu erzählen
und uns daran und aneinander zu erfreuen.
Gott, so wie die Kerzen hier bei uns in den Raum leuchten,
lass diesen schönen Sonntag in die Woche leuchten.

Marlies Mittler-Holzem

4. Werktag

Das Wochenende ist wieder viel zu schnell vorbeigegangen. Montagmorgen reiben sich alle die Augen, das Aufstehen fällt schwer. Beim Frühstück ist es ziemlich still, schnell noch die Brote einpacken und dann rennen alle in verschiedene Richtungen: Kurtchen saust zum Kindergarten, Papa fährt mit dem Bus zum Betrieb, Mama bringt Lene zur Schule und Annika zur Tagesmutter, bevor sie selbst zur Arbeit fährt. Spätestens um 8.00 Uhr ist das Haus leer und still. Den ganzen Tag wird es so sein, dass immer wieder jemand nach Hause kommt und jemand weggeht. Selten sind alle daheim.

Werk-Tag: Jedes Familienmitglied hat seine Aufgaben und Interessen; Arbeit fern von zuhause, Arbeit im Haus, Schule, Kindergarten, Hobbies, Freunde und Freundinnen. Die besonderen Talente der Einzelnen werden beansprucht und gefordert. Alle haben einen Platz, wo sie gebraucht werden und wo ihre Arbeit wichtig ist.

Anregung

Nicht jeden Abend ist Zeit für eine gemeinsame Abend-Oase. Am Ende eines anstrengenden Werk-Tages kann die Familie sich zusammensetzen und für das Tag-Werk danken:

Die Mutter: Gott, ich danke dir, dass es mir heute gelungen ist, die Aktivitäten der Kinder unter einen Hut zu kriegen und trotzdem konzentriert meinem Beruf nachzugehen. Jetzt bin ich erschöpft und froh.

Kurtchen: Gott, ich danke dir, dass ich im Kindergarten mit Max einen hohen Turm bauen konnte, den alle bestaunt haben. Er darf bis morgen stehen bleiben. Das freut mich.

Papa: Gott, ich danke dir, dass ich heute ein gutes Gespräch mit einem meiner Kollegen hatte. Wir beide sind ein ganzes Stück weitergekommen. Schön war es, Lene beim Reiten zuzuschauen und hinterher mit ihr nach Hause zu gehen. Der Tag war anstrengend, und jetzt bin ich müde.

Lene: Gott, wir haben heute ein Diktat geschrieben. Ich habe ein ganz gutes Gefühl. Nachmittags beim Reiten bin ich zum ersten Mal über ein kleines Hindernis gesprungen. Das war sehr aufregend, aber auch sehr schön. Jetzt bin ich geschafft.

Annika: dankt Gott mit einem Lächeln dafür, dass sie bei der Tagesmutter mit der Trommel gespielt hat, dass sie eine liebe Familie hat und dass sich viele Menschen um sie kümmern. Dabei muss sie schon gähnen.

Alle: Gott, wir danken dir für unsere verschiedenen Talente und Aufgaben. Und wir bitten dich: Was uns heute nicht gelungen ist, das vollende du. Amen.

Februar

1. Fasching

UNSER MONATSBILD: FEBRUAR

Die Farbspiele des Faschings, sich schminken und anmalen bringen Farbe in den grauen Alltag.
In Rollen schlüpfen und sich verkleiden macht Freude und weckt kreative Kräfte.
Kinder haben dieses Bild mit ihren Händen mitgestaltet – und wieder begleitet uns der leuchtende Stern. Seht ihr ihn?

Eine seltsame Begegnung – Eine Geschichte

Jonas sitzt mit seiner Mama in der Straßenbahn. Gerade hat sie ihn aus dem Kindergarten abgeholt und die beiden fahren jetzt in die Stadt. Jonas braucht nämlich neue Schuhe. Jonas mag das Schuhe-Einkaufen gar nicht so gern, er hat keine Lust, die vielen Schuhe immer an- und auszuziehen, die die Verkäuferin seiner Mutter bringt. Missmutig schaut er auf die Straße. Es hat angefangen zu regnen und die Regentropfen laufen am Straßenbahnfenster entlang. Immer wenn die Straßenbahn schneller fährt, laufen auch die Regentropfen schneller die Scheibe entlang. Die Straßenbahn bleibt an einer Haltestelle stehen, einige Leute steigen aus, und andere steigen ein. Und ...

... Jonas traut seinen Augen nicht, ein Clown ist auch gerade eingestiegen! Er hat eine weite karierte Hose mit Hosenträgern an, und eine alte Jacke, die bestimmt schon hundertmal geflickt worden ist. Seine Schuhe sind total verbogen und ausgetreten. »Der braucht wohl auch wieder einmal neue Schuhe«, denkt Jonas, »soll doch der Clown mit Mama ins Schuhgeschäft gehen!«

Da erschrickt Jonas ein bisschen, der Clown hat sich nämlich genau vor ihn gestellt und schaut ihm mitten ins Gesicht. Seine Augen sind ganz blau, wie der Himmel im Sommer, und mit seinem breiten geschminkten Clowngesicht grinst er Jonas an. Jonas kann gar nicht mehr wegschauen. Der Clown schaut aber auch nicht weg, und plötzlich verzieht er das Gesicht und macht eine lustige Grimasse. Jonas muss lachen. Seine Mama lacht auch mit. Auch Jonas versucht jetzt, sein Gesicht zu verziehen. Er ist der Einzige im Kindergarten, der schielen kann, wenn er will, und genau das versucht er jetzt. Er verdreht die Augen, so sehr er nur kann. Der Clown sieht ihn an, und macht ein erschrecktes Gesicht. Dann verdreht auch er die Augen – Jonas ist begeistert. Die beiden machen sich nun gegenseitig immer neue Gesichter vor, und Jonas hat so einen Spaß daran, dass er vergnügt gluckst und kichert.

Bald müssen Jonas und seine Mama aussteigen, der Clown winkt ihm zu. Jonas winkt zurück, bis die Straßenbahn um die nächste Kurve verschwunden ist.

Er geht mit der Mama Schuhe einkaufen. Heute findet er es doch gar nicht so schlimm und bald haben sie ein Paar wunderschöne Schuhe gefunden.

Danach fragt ihn die Mutter: »Jonas, im Kindergarten feiert ihr auch bald Fasching – hast du dir schon überlegt, als was du aufs Fest gehen möchtest?« »Na klar«, sagt Jonas ohne lange zu überlegen, »als Clown möchte ich gehen! Denn Clowns können tolle Gesichter machen, und ich kann das auch. Und dann lachen alle Leute, auch wenn sie traurig oder schlecht gelaunt sind. Und das finde ich klasse!«

Barbara Berger

Faschingsgedanken

Im Fasching verkleiden sich die Menschen. Sie verwandeln sich in Prinzessinnen, Cowboys, Clowns oder in verschiedene andere Personen oder auch Tiere. Viele Menschen genießen es, einmal im Jahr jemand ganz anderes zu sein. Sie gehen dann maskiert auf Faschingsfeste und tanzen und lachen.

Auch im Kindergarten und in der Schule wird Fasching häufig gefeiert.

Anregung

Hast du oder haben deine Eltern schon einmal ein Faschingsfest erlebt?

Was ist deine Lieblingsverkleidung? Und warum magst du diese Verkleidung so gern?

Und wie verkleiden sich deine Eltern und Geschwister, wenn sie auf eine Faschingsfeier gehen?

Erzählt einander von euren Erlebnissen auf Faschingsfesten!
Vielleicht habt ihr auch Fotos von Faschingsfeiern einzelner Familienmitglieder?

Gebet

Danke
für mein ansteckendes Lachen!

Danke
für die vielen lustigen Sachen,
die wir im Fasching so gerne machen.

Danke
für diese bunte Zeit,
für die Lieder, die Spiele
und unsere Heiterkeit ...

Lieber Gott,
du freust dich bestimmt,
wenn wir lachen
und fröhlich sind.

Danke!

Barbara Berger

2. Lachen

Eine Lachgeschichte

Auf dem Klassenfest führen die Kinder Sketche auf. Einer geht so: Zwei Kinder gehen gemeinsam zur Schule. Das eine sagt: »Du, ich kann unheimlich schnell rechnen.« Sagt das andere: »Wieviel ist denn 5 x 5?« »77.« »Aber das ist doch ganz falsch.« »Ja, aber dafür ist es eben schnell.«

Kinder, Eltern und Geschwister lachen laut und applaudieren. Die Kinder freuen sich und lachen auch.

Eine etwas andere Lachgeschichte

Diese Geschichte spielt auch in der Schule. Die Lehrerin ruft Frieder auf und fragt ihn: »Wieviel ist 3 x 3?« Der Frieder überlegt lange, aber er weiß es nicht. Da hört man von hinten ein Kichern. Frieder wird rot und sagt: »10.« Und da lacht die ganze Klasse los. Unter lautem Gejohle ruft Max: »10! Ach, du bist einfach zu dumm für uns, Frieder.«

In beiden Geschichten lachen Menschen und doch passiert etwas ganz Unterschiedliches: In der ersten Geschichte sorgt das Lachen dafür, dass alle fröhlich werden und sich aneinander freuen. Das Lachen in der zweiten Geschichte stellt jemanden bloß und verletzt ihn.

Anregung

Vielleicht gab es bei euch heute auch verschiedene Lachgeschichten und ihr könnt euch gegenseitig davon erzählen:

Worüber habt ihr heute gelacht?

Hat euer Lachen alle fröhlich gemacht?

Ist jemand von euch ausgelacht worden?

Das Wort Lachen kommt in der Bibel nicht oft vor. Vielleicht, weil es diese vielen unterschiedlichen Arten von Lachen gibt. In der Bibel ist viel von Freude und Jubel die Rede. Das Leben bei Gott wird verglichen mit einem großen Fest. Dann könnte mit Freude und Jubel eine Art von Lachen gemeint sein, die den Menschen gut tut:

Wenn Gott mich aus meiner Verstrickung befreit
– eine traumhafte Vorstellung –
dann werde ich laut lachen
und aus vollem Herzen jubeln.
Dann werden die anderen sagen:
›Gott hat Großes an ihm/ihr getan.‹
Ja, Großes wird Gott an mir tun.
Und ich werde dann fröhlich sein.«

Nach Psalm 126,1–3

3. Wenn der Hals austrocknet

Eine Geschichte

Marie hat eine tolle Idee. Sie malt ein schönes Bild mit Sonnenblumen für Mama. Die wird sich freuen, das weiß Marie schon. Und bestimmt hängt sie das Bild an der Leiste im Flur auf, wo schon andere Bilder hängen, die Marie oder Benni oder Lisa gemalt haben. Und sie muss sich beeilen, sonst kann sie Mama nicht überraschen; den Tisch mit Zeitungen abzudecken, dafür ist leider keine Zeit. Marie legt los und ihr Bild wird richtig schön, findet sie.

Jetzt hört sie Mama kommen – und Marie freut sich. Sie ist so gespannt, was Mama sagt.

»Ach, Mensch, Marie, ich hab' dir schon so oft gesagt, dass du Zeitungen auf dem Tisch auslegen sollst, wenn du malen willst. Jetzt guck mal, wie du den Tisch eingesaut hast. Und dein Pullover ist auch voller Farbe. Ich finde das total rücksichtslos, dass du einfach alles beschmierst, und ich muss hinterher sehen, wie ich das wieder sauber kriege.«

Marie sitzt da und kriegt einen ganz trockenen Hals. Noch nicht einmal weinen kann sie, so dick ist der Kloß aus Traurigkeit und Enttäuschung, der in ihrem Hals sitzt.

In so einem Moment wird ganz deutlich, dass auch Menschen, die sich sehr lieb haben (so wie zum Beispiel Marie und Maries Mama), immer noch zwei verschiedene Menschen sind, mit unterschiedlichen Ideen und Wünschen, verschiedenen Geschmäckern, Talenten und Vorlieben. Dass manchmal die ganze Liebe weg ist, und die Mama (der Papa, das eigene Kind) ganz fremd sind.

Das tut in dem Moment sehr weh.

Von Jesus gibt es auch so eine Geschichte:

Seine Eltern waren mit ihm auf einem riesengroßen Fest in Jerusalem. Als das Fest zu Ende ist und alle heimgehen, ist ziemlicher Trubel, und so merken die Eltern erst abends, dass Jesus gar nicht bei ihnen ist. Sie machen sich große Sorgen – Jesus ist erst zwölf – und laufen aufgeregt den weiten Weg nach Jerusalem zurück. Dort finden sie ihren Sohn endlich: Er sitzt seelenruhig im Tempel und diskutiert mit einigen Erwachsenen. Als seine Eltern mit ihm schimpfen und ihm Vorwürfe machen, fällt er aus allen Wolken. Als er in Jerusalem blieb, hatte er nicht an seine Eltern gedacht, sondern nur gespürt, dass das jetzt für ihn notwendig war.

Die Verschiedenheit und Fremdheit, die manchmal so wehtut, hat aber auch eine gute Seite: Sie führt dazu, dass es noch nicht einmal zwei gleiche Menschen gibt. Jeder Mensch ist ein Einzelstück, etwas ganz Besonderes, einzigartig und unersetzlich. Noch nicht einmal Zwillinge sind in allem, was sie denken und tun, gleich. Und das hat Gott doch toll hingekriegt, oder?

Anregung

Wenn in der Familie Ähnliches passiert ist, kann die Abend-Oase noch einmal Raum für das Erlebte bieten.

Beide Betroffenen können erzählen, was ihre Absicht war und warum sie wie reagiert haben.

Wichtig dabei ist, von den Gefühlen zu erzählen, ohne sich von ihnen wieder beherrschen zu lassen. Dann kann das gegenseitige Verständnis gestärkt werden.

4. Mein Geburtstag

Neun Monate war ich im Bauch meiner Mama. Dort ging es mir gut. Ich konnte langsam wachsen und hatte über die Nabelschnur immer genug Nahrung.

Ich wurde immer größer und größer und dann kam der Zeitpunkt, wo im Bauch nicht mehr genügend Platz für mich war, und meine Mama hat mich geboren.

Am Anfang war ich noch durch die Nabelschnur mit ihr verbunden. Nachdem die Nabelschnur durchtrennt war, wurde ich selbstständig und habe zu trinken begonnen.

Seither feiern wir jedes Jahr den Tag, an dem ich geboren wurde, als meinen Geburtstag. Ich freue mich darüber, weil dann alle in der Familie an mich denken, mir ein Lied singen und etwas schenken.

Anregung

Deine Mama oder dein Papa kann dir am besten von deiner Geburt und vom ersten Tag deines Lebens in dieser Welt erzählen.

Wenn ihr wollt, könnt ihr gemeinsam den Tag deiner Geburt malen oder davon Fotos anschauen und hier einkleben.

März

1. Fastenzeit – für Eltern

UNSER MONATSBILD: MÄRZ

Licht – Feuer – Ausstrahlung: Das brauchen wir auf dem Weg.
Die Tage werden heller. Neues Leben entsteht in der Natur.
Wir bereiten uns auf Ostern vor und verstehen etwas besser das Kreuz.
Stern und Kreuz sind in unserem Leben: Wo sind sie zu entdecken?

Heute beginnt die vierzigtägige Fastenzeit, die bis Ostern dauert. Woran denken Sie, wenn Sie das Wort »Fasten« hören?

Weniger essen, um die Figur in Form zu halten.

An Ihre Kindheit, in der Sie während der Fastenzeit auf Süßigkeiten verzichten sollten?

Zu fasten, zu verzichten, um stärker spüren zu können, was Gott von uns will, ist eine ganz alte Idee, die schon die biblischen Texte und dann die Geschichte des Christentums durchzieht. Immer widerstreiten sich zwei Arten des Fastens. Eine mehr äußerliche: Ich verzichte auf bestimmte Dinge und dieser Verzicht allein ist schon ein Verdienst. Und eine mehr innerliche: Auf die Haltung kommt es an, nicht auf äußere Formen. Der Prophet Jesaja stellt die beiden Formen des Fastens gegenüber und bewertet sie:

Seht, an euren Fasttagen macht ihr Geschäfte
und treibt alle eure Arbeiter zur Arbeit an.
Obwohl ihr fastet, gibt es Streit und Zank,
und ihr schlagt zu mit roher Gewalt.
So wie ihr jetzt fastet,
verschafft ihr eurer Stimme droben kein Gehör.
Ist das ein Fasten, wie ich es liebe,
ein Tag, an dem man sich der Buße unterzieht:
wenn man den Kopf hängen lässt,
so wie eine Binse sich neigt,
wenn man sich mit Sack und Asche bedeckt?
Nennst du das ein Fasten
und einen Tag, der Gott gefällt?
Nein, das ist ein Fasten, wie ich es liebe:
die Fesseln des Unrechts zu lösen,
die Stricke des Jochs zu entfernen,
die Versklavten freizulassen,
jedes Joch zu zerbrechen,
an die Hungrigen dein Brot auszuteilen,
die obdachlosen Armen ins Haus aufzunehmen,
wenn du einen Nackten siehst, ihn zu bekleiden
und dich deinen Verwandten nicht zu entziehen.
Dann wird dein Licht hervorbrechen wie die Morgenröte,
und deine Wunden werden schnell vernarben.
Deine Gerechtigkeit geht vor dir her,
die Herrlichkeit Gottes folgt dir nach.«

Jesaja 58,3–8

Sehr deutlich wird hier dreierlei:

1. Beim biblischen und christlichen Fasten geht es weder um die Gesundheit, noch um einen schlanken Körper.
2. Die Wirkung des Fastens beschränkt sich nicht nur auf ein anderes Verhältnis zu Gott. Von Gott her bemisst sich die Wirkung des Fastens in einem besseren Verhältnis zu anderen Menschen, vor allem zu den zu kurz Gekommenen.
3. Fasten, auf etwas verzichten, anders leben üben: Das ist nicht zuerst Aufgabe der Kinder, sondern der Erwachsenen.

Fastenzeit könnte also heißen: Ich kann mich und mein Leben verändern, ich kann Veränderung einüben. Das ist dann auch eine sinnvolle Botschaft für Kinder.

2. Fastenzeit – ein Familienprojekt

Wenn die Fastenzeit als eine Einübungszeit für notwendige Veränderungen angesehen wird, dann kann daraus ein Projekt für die ganze Familie werden.

Wichtig ist, dass Sie als Eltern den Kindern einen konkreten Vorschlag machen, wie Sie sich die Fastenzeit vorstellen können. Überfordern Sie sich dabei nicht. Auf die Kinder wirkt ein kleines, aber durchgehaltenes Projekt überzeugender als ein großes, abgebrochenes. Die sieben Wochen sind eine Einübungs-Zeit, in der nicht alles von Anfang an klappen muss.

Vorschläge

- Berufs-Fasten: Sie vereinbaren einen Abend in der Woche, an dem alle so zeitig von der Arbeit zurückkommen, dass Sie eine Stunde als Familie gemeinsam verbringen können – mit Spielen, Vorlesen … Wenn Sie konkrete Angebote machen, werden die Kinder sicher zum Fernseh-Fasten bereit sein.

- Umstellung des Haushalts auf Produkte aus fairem Handel: Viele Produkte (Lebensmittel, Kleidung) sind bei uns so billig, weil sie in armen Ländern zum Beispiel von Kindern unter menschenunwürdigen Bedingungen hergestellt werden. Wählen Sie ein Produkt aus (Kaffee, Tee, Bananen, Orangensaft, Kakao, Schokolade, T-Shirts …) und sprechen Sie mit ihren Kindern über die Kinder, die dieses Produkt herstellen. Sie bekommen weder ausreichend Geld noch eine Schulbildung und müssen häufig mit dem Wenigen, was sie für ihre Arbeit erhalten, ihre Familie ernähren. Halten Sie gemeinsam Ausschau nach einem »Ersatz«-Produkt, das das *Transfair-Siegel* trägt; dieses Siegel erhalten

Produkte, für deren Herstellung gerechte Löhne gezahlt werden. Einige Produkte mit Transfair-Siegel haben inzwischen schon Einzug in die Supermärkte und Lebensmittelläden gehalten. Natürlich sind diese Produkte teurer. Überlegen Sie gemeinsam, wie Sie diese Teuerung ausgleichen können.

Vielleicht gibt es in Ihrer Nähe eine Einrichtung, die Sie unterstützen möchten. Schlagen Sie den Kindern vor, ein- oder zweimal pro Woche sehr einfach zu kochen. Stecken Sie direkt nach dem Essen das dabei eingesparte Geld (das sind pro Mahlzeit schnell zwischen 3 und 5 Euro) in eine Spardose und zählen Sie es gemeinsam am Ende der Fastenzeit. Wenn es Ihnen wenig erscheint, schauen Sie mit den Augen der Kinder. Bringen Sie gemeinsam das Geld zur Bank oder zu der Einrichtung, die Sie unterstützen wollen.

Auto-Fasten: Überlegen Sie, welche Fahrten nur mit dem Auto machbar sind, wo Sie Besorgungen mit *einer* Fahrt erledigen können, wann das Auto stehen bleiben kann. Erklären Sie Ihren Kindern, dass Fahrten unter 2 Kilometern die Umwelt stark belasten, weil der Katalysator noch nicht arbeitet. Zur optischen Unterstützung können Sie in einem Übersichtskalender die Tage, an denen das Auto stehen bleibt, grün anstreichen.

Weitere Anregungen erhalten Sie aus einem Fastenkalender, den die Hilfsaktion »Misereor« jährlich für Kinder ab dem Grundschulalter herausgibt:

Bischöfliche Hilfsaktion MISEREOR e.V., Mozartstr.9, 52064 Aachen, Tel: 0241/44 20, Fax: 0241/44 21 88, www.misereor.de

3. Palm-sonntag

Im Jahr 2001:

Ein Kind erzählt: »Eigentlich macht die Familie, die ins Nachbarhaus gezogen ist, einen netten Eindruck. Über das selbst gebackene Brot, das Mama ihnen zum Einzug geschenkt hat, haben sie sich sehr gefreut, und sie haben die Eltern abends zu einem Glas Wein eingeladen. Ein Kind in meinem Alter haben sie auch, einen Jungen, der mit seinen dunklen Augen und den schwarzen Wuschelhaaren richtig interessant aussieht. Wir haben auch schon zusammen gespielt und dabei sehr viel Spaß gehabt.

Doch jetzt haben die anderen Nachbarskinder gesagt, dass Asim ein blöder Kanake ist und sie fingen schon an, mir ›Kanakenfreund‹ nachzurufen und mich zu ärgern. Da halte ich mich lieber von Asim fern, und ich sage auch nichts, wenn die anderen ihn anrempeln. Ich will keinen Ärger.«

Im ersten Jahrhundert:

Auf dem Höhepunkt seiner Karriere wird Jesus in Jerusalem von einer begeisterten Menschenmenge empfangen. Die Leute von der Straße jubeln ihm zu und rufen: »Ja, du bist wirklich unser Retter, von Gott geschickt, um uns zu befreien.«

Nur kurze Zeit später wird Jesus verhaftet. Der römische Statthalter, der auf keinen Fall einen Fehler machen möchte, fragt die Menschenmenge, die vor seinem Palast zusammengelaufen waren, was er mit Jesus tun soll. Und die Leute von der Straße schreien: »Kreuzige ihn.« Gegenstimmen sind uns nicht bekannt.

Anregung

Das Gespräch in der Abend-Oase kann in zwei Richtungen gehen:

- Vielleicht erzählt ein Familienmitglied von einer ähnlichen Erfahrung: Ich war erst beliebt, und plötzlich werde ich von den gleichen Menschen angefeindet.

- Vielleicht erzählt ein Familienmitglied, wie im eigenen Umfeld jemand plötzlich ausgegrenzt und angefeindet wurde.

Zum Abschluss können alle gemeinsam beten:

Gebet

Gott,
wenn Menschen zusammen sind,
dann tun sie häufig viel schlimmere Dinge
als jeder von ihnen allein.
Gegenseitig müssen sie sich dann beweisen,
dass sie einander im Schlechten noch übertreffen können.
Das ist bei Kindern so und bei Erwachsenen.
Hilf uns, dass wir in einer Menge nicht gesichtslos werden
und nicht auf einmal etwas tun und sagen,
was wir allein nicht auch tun und sagen würden.
Damit wir im Spiegel immer sehen können, was du siehst:
ein einzigartiges Menschenkind
und nicht nur einen schreienden Mund.
Amen.

Marlies Mittler-Holzem

4. Gründonnerstag: Fußwaschung

Einmal – es ist kurz vor seinem Tod – treffen sich Jesus und seine Freundinnen und Freunde, um gemeinsam das Pessach-Fest zu feiern. Doch bevor sie anfangen zu essen, tut Jesus etwas sehr Merkwürdiges: Er geht mit einer Schüssel von einem zum anderen, wäscht allen die Füße und trocknet sie sorgfältig ab.

Einige finden das etwas peinlich; schließlich gingen die Menschen damals häufig barfuß oder sie trugen Sandalen, und die Straßen waren staubig und dreckig. Füße waschen ist Sklavenarbeit, warum tut Jesus, den sie als ihren Meister verehren, das?

Jesus sieht wohl die fragenden Gesichter und erklärt den Anwesenden, was er mit der Fußwaschung zeigen wollte: »Wenn ich, euer Meister, euch die Füße wasche, dann meine ich, dass ihr das auch untereinander tun sollt.« (Ausführlich ist die Fußwaschung erzählt im Johannes-Evangelium, Kapitel 13.)

Das ist das Jesus-Programm, verdeutlicht im Zeichen der Fußwaschung: Alle sollen einander dienen und füreinander die Drecksarbeit machen. Wer sich vor anderen klein machen kann und ohne Aufsehen eine ungeliebte Arbeit tun kann, ist in Gottes Augen groß.

Anregung

Für die Gestaltung der Abend-Oase gibt es zwei Vorschläge:

Die Familie kann die Fußwaschung nachspielen, sich dabei gegenseitig wohl tun und dann davon erzählen, wie es ist, wenn jemand die Füße wäscht oder wie es ist, wenn ich selbst vor jemandem knie und Füße wasche.

Die Familie kann gemeinsam überlegen: Welche »Drecksarbeiten« gibt es in der Familie? Ist jemand immer für die »Drecksarbeiten« zuständig? Was denken die anderen über diese Arbeiten und über die, die sie ausführen?

Die Fußwaschung steht am Anfang eines Essens. Als Abschluss des gemeinsamen Abends kann die Familie Brot und Wein und Traubensaft teilen. Das tun Menschen seit 2000 Jahren am Gründonnerstagabend im Gedenken an das Jesus-Programm. Viele tun es auch an diesem Gründonnerstag.

5. Karfreitag: Im Leid allein

Das ist eine schlimme Geschichte: Je näher die Ermordung Jesu rückt, je mehr ihm Menschen antun, desto mehr Freunde verlassen ihn. Die meisten laufen schon weg, als Jesus verhaftet wird. Petrus schleicht hinter ihm her bis zum Haus des Hohepriesters. Dort sagt jemand: »Du gehörst doch auch zu Jesus«, und Petrus sagt: »Nein, den kenne ich noch nicht einmal.« Dann geht auch er.

Den weiteren Weg geht Jesus allein: Hin und her zwischen denen, die an seinem Tod nicht Schuld sein wollen, und dann den langen Weg hinaus aus der Stadt, zur Hinrichtungsstätte Golgotha. Lediglich einige Frauen halten aus unter dem Kreuz, ertragen es, dazubleiben und doch nichts tun zu können.

Der Umgang mit Menschen, die ein schweres Leid tragen, ist manchmal schwierig. Manche von ihnen verkriechen sich und vermeiden jeden Kontakt zu anderen. Manche erzählen immer nur davon, was ihnen passiert ist, auch noch nach langer Zeit. Manche schimpfen auf Gott und sagen: »Was ist das für ein Gott, dass er mich so leiden lässt?«

Anregung

In der Abend-Oase kann die Familie überlegen, ob jemand in ihrem Bekannten- und Freundeskreis belastet ist durch Krankheit, Tod, Arbeitslosigkeit, Scheidung ... Besprechen Sie gemeinsam, ob und wie Sie helfen können, gerade auch, wenn schon etwas mehr Zeit verstrichen ist.

Gebet

Gott,
dass Menschen manchmal sehr leiden müssen,
macht uns sprachlos.
Am liebsten würden wir ihnen einfach aus dem Weg gehen,
die Straßenseite wechseln
oder vom Wetter reden.
Weil wir uns heute die Geschichte von Jesu Tod
erzählt haben,
sind uns die Menschen wieder eingefallen,
die in unserer Nähe leben und leiden müssen,
so wie Jesus gelitten hat.
Wir beten heute für sie:
Lass sie spüren, dass du bei ihnen bist;
lass Menschen in ihrer Nähe bleiben;
hilf uns, das Richtige zu tun. Amen.

6. Vor Ostern: Die Osterkerze

Wenn es dunkel ist, wird es uns manchmal unheimlich. Wir sehen nicht, wo wir sind oder wo wir hintreten. Manchmal ist es auch gefährlich, im Dunkeln zu gehen, weil wir den Weg nicht sehen.

An dunklen Winterabenden in eine flackernde Kerze zu schauen tut uns gut. Schon ein kleines Licht hilft uns, die Umrisse und Schatten im Zimmer zu sehen und wir fühlen uns gleich sicherer.

In der Osternacht tragen wir dann in die dunkle Kirche das Licht der Osterkerze. Dabei singen wir: Jesus Christus – das Licht der Welt. Daran erinnert die Osterkerze: Aus der Dunkelheit heraus verwandelt uns Gott ins Licht. Die Menschen bleiben nicht im Tod, sie sind mehr als ihre toten Körper, die begraben werden. Sie gehen ins Licht.

Am Licht der Osterkerze ist das Licht deiner Taufkerze entzündet worden. In dir selbst wohnt das Licht Gottes.

Anregungen

Vielleicht können Sie in dieser Woche eine Osterkerze basteln, die Sie Ostern in Ihrer Familie anzünden.

Sie benötigen folgende Materialien:

- Eine dicke Kerze.
- Blattwachs in rot, gold und anderen Farben (gibt es in Bastelläden).
- Schere und ein scharfes Messer sowie ein Schneidebrett.

Aus dem Wachs werden verschiedene Symbole ausgeschnitten und auf die Kerze gedrückt; besonders gut eignen sich für eine Osterkerze:

- ein Kreuz,
- die Jahreszahl,
- ein Alpha A und ein Omega Ω – der erste und der letzte Buchstabe des griechischen Alphabets stehen dafür, dass Jesus Christus den Anfang und das Ende der Welt verbindet. Es können aber auch andere, für Sie oder für Ihre Kinder bedeutsame Symbole auf der Kerze angebracht werden: z. B. Wasser, ein Regenbogen, Blumen, eine Sonne etc. …

April

1. Ich bin getauft

UNSER MONATSBILD: APRIL

Alles bricht neu auf. Das Wachstum und das frische Grün sind ein Segen Gottes für uns.
Das Blau des Wassers erfrischt uns und lässt uns hoffen. Und wieder begleitet uns der Stern.
»Der Herr führt mich an Quellen lebendigen Wassers« (nach Psalm 23).

Wir schauen uns gemeinsam Bilder von deiner Taufe an. Wer war dabei?
Wer hat dich auf dem Arm getragen?
Was hat der Pfarrer da mit dir gemacht?

Der Pfarrer hat dir Wasser über den Kopf gegossen. Wasser brauchen wir jeden Tag zum Händewaschen, Zähneputzen, aber auch um uns Essen kochen zu können. Wir trinken Mineralwasser. Wenn wir zwei Tage nichts zu trinken bekommen, haben wir großen Durst. Wenn es im Sommer ganz heiß ist, dann halten wir es nicht einmal einen halben Tag aus, ohne zu trinken.

Kinder, die in der Wüste leben und kein Wasser bekommen, haben große Probleme und viele sterben ohne Wasser.

Wasser ist wie Leben. Ohne Wasser können wir nicht leben.
Der Pfarrer hat dir Wasser über den Kopf gegossen. Dies bedeutet, dass Jesus für dich so wichtig werden will wie frisches Wasser.

Bei der Taufe wurde deine Taufkerze am Osterlicht in der Kirche angezündet, um dir zu sagen: »Wenn es dunkel wird in deinem Leben, dann ist Jesus für dich das Licht.«

Anregung

Wenn du traurig bist, kannst du an dieses wärmende Licht denken, das von deiner Taufkerze ausgeht. Vielleicht könnt ihr heute Abend deine Taufkerze anzünden und einige Minuten still in ihr Licht schauen.

2. Du bist ein Königskind

Wasser

So richtig Durst zu haben ist unangenehm. Die Lippen werden trocken, wir bekommen einen heißen Kopf und fühlen uns nicht gut.

Wer in der Wüste lebt und kein Wasser hat, stirbt innerhalb weniger Tage.

Wasser ist Leben. Unser Körper besteht zu einem großen Teil aus Flüssigkeit.

Bei der Taufe gießen wir dem Kind Wasser über den Kopf und beten:

Ich taufe dich im Namen des Vaters und des Sohnes und des Heiligen Geistes.

Im Wasser der Taufe sagt uns Jesus: Ich bin für dich Wasser des Lebens.

Es ist wichtig, dass wir sauberes Wasser haben, damit wir leben können.

Jesus ist für uns wie Wasser zum Leben.

Licht

Wenn es dunkel ist, wird es uns manchmal unheimlich. Wir sehen nicht, wo wir sind oder wo wir hintreten. Manchmal ist es auch gefährlich, im Dunkeln zu gehen, weil wir den Weg nicht sehen.

An dunklen Abenden in eine flackernde Kerze zu schauen, tut uns gut. Schon ein kleines Licht hilft uns, die Umrisse und Schatten des Zimmers zu sehen, und wir fühlen uns gleich besser.

Bei der Taufe holen wir vom Licht der Osterkerze, die wir in die dunkle Kirche hineingetragen haben, ein Licht.

Es ist das Licht Gottes. Jesus sagt über sich: Ich bin das Licht der Welt. Habt keine Angst, auch wenn es dunkel wird, bin ich bei euch.

Anregung

Schaut abends in das Licht der Kerze und stellt es hinter ein Bild aus durchsichtigem Papier. Vielleicht gestaltet ihr das Bild wie unseren monatlichen Begleitstern.

Du bist ein Königskind

Bei der Taufe hat dich der Pfarrer mit Öl gesalbt. Vor 3.000 Jahren war es so, dass nur die Kinder von einem richtigen König mit heiligem Öl gesalbt wurden. Die Kinder armer Leute und die, die nicht von einem König abstammten, wurden nicht gesalbt.

Bei Jesus sind *alle* Kinder Königskinder. Deswegen will er, dass die Kinder mit heiligem Öl gesalbt werden. Kinder und Eltern können dabei spüren, dass sie bei Jesus so wichtig sind wie richtige Königskinder.

Das weiße Kleid, das man dir bei der Taufe überlegte, ist wie ein Festkleid.

Wenn wir zu einem großen Fest gehen, dann ziehen wir uns besonders schön an. Mit dem weißen Kleid lädt uns Gott ein mit ihm zusammen zu leben und zu feiern. Später bei der Erstkommunion sind die Kinder eingeladen in einem weißen Gewand mit Jesus Mahl zu halten.

Anregung

Male dich auf einem großen Blatt Papier selbst als Königskind.

3. Frühling

Bald ist es wieder so weit: Die Welt um uns herum wird wieder grün. Der kalte Winter hat schon aufgegeben und sich in graue, warme Dauerregen-Tage verwandelt. Die letzten Schneeglöckchen blühen noch, aber schon schieben die ersten Krokusse ihre Blätterspitzen durch die braune Erde.

Anregung

Jetzt wird es Zeit, einen Frühlings-Beobachtungsstand einzurichten:

Jedes Familienmitglied sucht sich einen Baum, einen Strauch oder eine Blume und beobachtet regelmäßig:

Gibt es schon Veränderungen?

Was verändert sich?

In der Abend-Oase erzählen sich alle gegenseitig von »ihrem« Baum oder Strauch und laden die anderen zum Gucken ein, wenn es etwas zu sehen gibt.

Gebet

Gott, du bist das Leben.
Du wohnst in allen Pflanzen,
Tieren und Menschen.
Du begleitest jeden Lebensweg
von verdorrt zu grün,
von jung zu alt,
von klein zu groß.
Du bist die Kraft,
die in allem Lebendigen wohnt.
Lass uns diese Kraft spüren,
wenn wir uns trocken und verdorrt fühlen
wie der Baum im Winter.
Belebe uns neu.
Amen.

Marlies Mittler-Holzem

4. Die Schöpfung

Das kleine Bäumchen – Eine Geschichte

Einige Kinder hatten am Rande eines Weges ein Bäumchen eingepflanzt. Noch war es ganz klein, aber es hatte schon seine zarten Wurzeln ins Erdreich gegraben und begann langsam zu wachsen.

Eines Tages ging ein Mädchen vorüber. Es war in Gedanken versunken und riss ganz nebenbei ein Blatt von dem Bäumchen ab. Dann warf es das Blatt weg.

Kurz darauf kam ein Junge des Weges. Er hatte sich gerade aus Holzstückchen ein kleines Spielzeugfloß gebaut, das er am Bach schwimmen lassen wollte. Da er noch einen Mast für das Segel brauchte, brach er ein Ästchen von dem kleinen Baum ab und baute sein Floß fertig.

Nach einer Weile lief eine Ziege auf das Bäumchen zu, knabberte an den Zweigen, fraß ein Stückchen Rinde und trabte weiter.

Dann kam ein Mann mit dem Fahrrad den Weg entlang, er war müde und wollte sich ausruhen. Er stieg vom Rad und lehnte es an den Stamm des Bäumchens. Dabei schürfte er etwas Rinde ab.

Als der Mann gerade wieder weitergefahren war, kam ein Junge daher, der sein neues Taschenmesser ausprobieren wollte. Er schnitzte ein Herz in die Baumrinde und freute sich, weil das Messer so scharf war.

Dem Bäumchen aber – ja, dem Bäumchen ging es bei alledem nicht so gut, es drohte sogar zu verdorren! Eines Tages kamen die Kinder am Wegesrand vorbei, die das Bäumchen einst gepflanzt hatten und sagten: »Seht nur her, das Bäumchen sieht gar nicht gut aus! Vielleicht stirbt es? Wie schade. Ob hier etwa keine Bäume wachsen können?«

Barbara Berger

Anregung

Überlegen Sie mit ihren Kindern gemeinsam:

- Warum konnte das Bäumchen nicht richtig wachsen?
- Was haben sich die Menschen wohl dabei gedacht, als sie das Bäumchen verletzten und ihm das Leben und Wachsen schwer machten?
- Passiert es auch uns manchmal, dass wir ohne darüber nachzudenken unachtsam mit der Natur umgehen?

Die Schöpfung – Eine Geschichte

Am Anfang schuf Gott Himmel und Erde. Alles war dunkel und ohne Ordnung, und Wasser bedeckte alles. Noch lebte kein Mensch, und es gab weder Tiere noch Pflanzen. Aber Gott war da. Und Gott sprach: »Es soll hell werden.« Da wurde es hell. Gott freute sich über das Licht. Er nannte es Tag; die Dunkelheit nannte er Nacht. So ging der erste Tag zu Ende.

Gott sprach: »Jetzt soll ein Gewölbe entstehen.« Das Gewölbe trennte das Wasser in zwei Teile, oben und unten. Gott nannte das Gewölbe Himmel. So ging der zweite Tag zu Ende.

Gott sprach: »Das Wasser, das die Erde bedeckt, soll sich in großen Becken sammeln, damit das Land und das Wasser getrennt sind.« Gott nannte das Land Erde; die großen Wasser nannte er Meere. Dann befahl er: »Auf der Erde sollen Bäume und Büsche, Blumen und Gräser wachsen. Sie sollen Früchte und Samen tragen und die Erde grün und bunt machen.« Da wuchsen aus dem Boden Bäume und Büsche, Blumen und Gräser. Gott freute sich, weil alles gut war. So ging der dritte Tag zu Ende. Gott sprach: »Am Himmel sollen Lichter leuchten. Sie sollen nicht nur den Tag, sondern auch die Nacht hell machen. Nach diesen Lichtern soll man auch die Zeit bemessen können: die Tage, die Wochen, die Monate, die Jahre und die Feste.« Gott schuf zwei große Lichter: die Sonne für den Tag, den Mond für die Nacht; dazu auch viele kleine Lichter: die Sterne. Alles war gut, und Gott hatte Freude daran. So ging der vierte Tag zu Ende. Gott sprach: »Im Wasser und in der Luft sollen Tiere leben.« So schuf er die großen und die kleinen Fische, die Krebse und Krabben, die Adler und Spatzen und sprach zu ihnen: »Vermehrt euch und bevölkert die Meere und die Luft.« Gott freute sich, denn alles war gut. So ging der fünfte Tag zu Ende. Gott sprach: »Jetzt soll es auch noch Tiere geben, die auf der Erde leben: Kühe und Rehe, Ziegen und Schafe; auch wilde Tiere wie Löwen und Nashörner, dazu Käfer und Schmetterlinge, Schnecken und Würmer.«

Gott hatte Freude an allem, denn es war gut. Er sprach: »Ich will noch Lebewesen schaffen, die mir ähnlich sind.« Und Gott schuf die Menschen. Er schuf sie so, dass sie ihm ähnlich waren; als Mann und Frau schuf er sie. Er segnete die Menschen und sprach zu ihnen: »Euch vertraue ich alles an, was lebt: Fische, Vögel und die anderen Tiere, den Wald mit allen Bäumen, die Blumen und die übrigen Pflanzen. Geht sorgsam mit allem um!« Jetzt schaute Gott an, was er geschaffen hatte. Alles war gut und an allem hatte er Freude. So ging der sechste Tag zu Ende. Am siebten Tag ruhte Gott von seiner Arbeit aus. Er sprach: »Dieser Tag gehört mir. Er ist ein heiliger Tag. Ein Ruhetag.«

Nach Genesis 1,1 – 2,3

Schöpfungsgedanken – für Eltern

Die Pflanzen und Tiere leiden unter dem gedankenlosen und unachtsamen Umgang der Menschen mit der Natur. Wir sollten jedoch nicht vergessen, dass auch wir selbst eine gesunde Umwelt als Grundlage für unser Leben auf der Erde benötigen. Wie wir Erwachsenen mit der uns umgebenden Um-Welt umgehen, hat auf unsere Kinder eine unmittelbare Auswirkung. Sie orientieren sich an dem, was sie bei uns beobachten. Wir sind Vorbilder für die nachfolgende Generation – dies sollten wir uns vielleicht öfter vor Augen führen und dementsprechend verantwortungsbewusst handeln.

Gott hat uns seine Schöpfung anvertraut, nicht, damit wir über sie herrschen, sondern damit wir achtsam und respektvoll mit ihr umgehen. Auch wir sind ein Teil dieser Schöpfung und so wie wir selbst mit Respekt und Achtung behandelt werden wollen, so sollten wir auch die Pflanzen und Tiere behandeln.

Anregung

Wir laden Sie ein mit Ihren Kindern in den nächsten Tagen einen Spaziergang in einen Park oder einen Wald zu machen. Versuchen Sie, mit offenen Augen durch die Natur zu gehen und achten Sie ganz bewusst auf die vielen kleinen Lebewesen, die Schönheit der Pflanzen und auf die Vielfalt an Formen und Farben, die die Natur hervorbringt.

Sie können gemeinsam mit Ihren Kindern außergewöhnliche Steine, leere Schneckenhäuser, abgefallene Baumrinden, Zapfen von Nadelbäumen oder andere Naturmaterialien sammeln. Zu Hause können Sie mit dem gesammelten Material eine Schale oder ein Glas dekorieren und auf diese Weise gemeinsam ein kleines Naturschaufenster gestalten.

Interessant ist es auch, die verschiedenen Dinge während der Abend-Oase einmal ganz genau durch eine Lupe zu betrachten. Sie werden staunen, was sie alles entdecken können!

5. Wie sich durchsetzen?

»In meiner Kindergartengruppe« – so erzählt Michael – »gibt es ein paar Starke, die uns anderen das Spielzeug wegnehmen und wenn wir uns wehren, schlagen sie einfach zu.

Ich bin noch klein und kann mich nicht so leicht wehren. Aber ich will auch nicht, dass sie mir dauernd das Spielzeug wegnehmen.

Dann haben wir Kleineren uns zusammengeschlossen und unser Spielzeug fest in die Mitte genommen. Da haben sie aufgehört.«

Anregung

Erzählen Sie sich gegenseitig, wie es ist, wenn man sich wehren muss.

Kennen Sie noch andere Situationen?

Wie ist es Ihnen in Ihrer Kindheit ergangen?

Welche Möglichkeiten gibt es, friedlich miteinander auszukommen?

Welche Regeln sind dafür hilfreich?

Mai

1. Essen

UNSER MONATSBILD: MAI

Wir sind Teil einer großen Bewegung. Wir spüren den Schwung.
Unser Leben steckt voller Gefühle. Um Konflikte kommen wir nicht herum.
Es kommt darauf an, wie wir sie gemeinsam lösen.
Alles ist miteinander verbunden. In unserem Herzen leuchtet ein Stern.
Die große Einladung gilt uns. KOMM MACH MIT!

Von Jesus wird in der Bibel oft erzählt, dass er mit seinen Freundinnen und Freunden und mit Menschen, die er unterwegs trifft, gemeinsam isst. Auch das letzte Zusammensein vor dem Tod Jesu ist eine Mahlzeit (an Pessach, einem hohen jüdischen Feiertag):

Jesus bittet einige seiner Freunde, in Jerusalem alles für dieses Essen vorzubereiten. Sie sollen einen Raum mieten und herrichten, ein Lamm schlachten und zum Essen vorbereiten, Brot, Wein und Wasser bereitstellen. Dann kommt der Abend des gemeinsamen Essens. Alle sitzen zusammen, sie essen und trinken und unterhalten sich. Erst danach kann Jesus seinen schweren Weg beginnen.

Anregung

Sich gemeinsam zum Essen zusammenzusetzen ist also ganz im Sinne Jesu. Sicherlich kann eine Familie nicht jede Mahlzeit gemeinsam einnehmen. Viele Familien versuchen, jeden Tag wenigstens bei einer Mahlzeit zusammen zu sein. Die Jesus-Geschichte kann aber auch eine Anregung sein, manchmal eine Familienoase als Festessen zu gestalten:

Der Tisch wird schön gedeckt.

Alle helfen mit bei den Vorbereitungen.

Es gibt etwas besonders Leckeres zu essen und zu trinken.

Beim Essen können alle etwas von sich erzählen.

Ein solches Festessen vergleicht Jesus mit dem Himmelreich. Wenn wir so richtig schön beieinander sitzen, wenn wir uns gut verstehen, wenn wir reichlich zu essen und zu trinken haben, dann bekommen wir einen kleinen Vorgeschmack davon, was Gott mit uns vorhat.

Wir sind noch nicht …

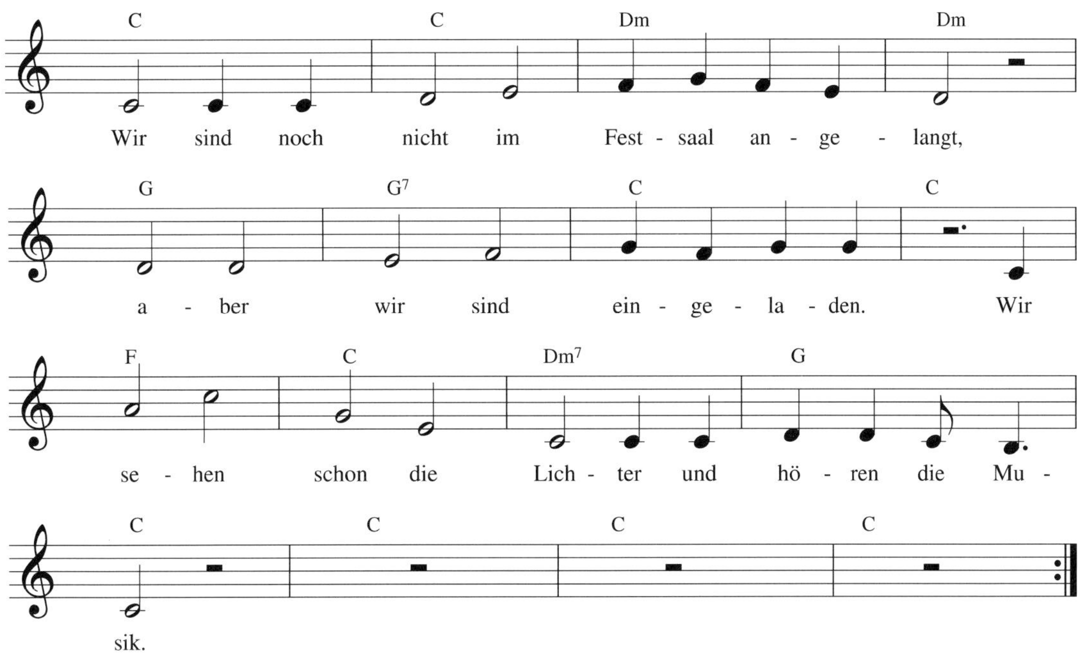

2. Streit

So ein Tag! – Eine Geschichte

Papa ist schon ein wahrer Weltmeister im Babyfüttern. Warum? Jedes Mal, wenn die Mama Eva füttern will, ruft jemand an; eine Freundin von Mama, die Oma oder sonst jemand. Wieder einmal hat Papa die kleine Eva auf dem Schoß, das Fläschchen in der Hand, während Mama im Flur auf dem Boden sitzt und mit ihrer besten Freundin telefoniert. Zuerst macht es ihm noch Spaß, aber langsam vergeht ihm die gute Laune. »Muss die Mama immer telefonieren«, beschwert er sich bei seinem Sohn Uli. Und dann drückt er Uli das Baby in die Hand: »Ich gehe jetzt eine Runde spazieren, und das Auto muss ich auch noch volltanken.«

Die Mama hat das gehört und kommt. »Meine Güte, der Papa ist aber sauer.« »Na ja«, meint Uli, »Recht hat er schon irgendwie. Das Telefon kann warten, meine Schwester nicht!« Er ist ein bisschen durcheinander. Er kann es nämlich gar nicht leiden, wenn sich seine Eltern streiten. »Sag mal, wie redest du denn mit mir?« Ulis Mama ist empört. »Pass du jetzt lieber auf die Eva auf und gib ihr das Fläschchen, irgendjemand muss ja das Essen fertig kochen.« Und schon ist die Mama wieder im Flur verschwunden, Uli hört, wie sie sich bei ihrer Freundin beschwert, und dann den Hörer auflegt. Dann rauscht sie in die Küche und macht die Tür fest zu. Sie scheppert mit Töpfen herum – das macht sie immer, wenn sie verärgert ist.

Uli füttert Eva und wartet, bis sie ihr Bäuerchen gemacht hat. Dann legt er sie behutsam auf ihre Babydecke. Eva quengelt ein bisschen vor sich hin. Bei

Uli auf dem Arm hat es ihr besser gefallen. »Weine nicht, Evilein, an das wirst du dich auch noch gewöhnen müssen. Immer vertragen sich sogar unsere Eltern nicht«, tröstet Uli das Baby.

Das Telefon klingelt. Julia, eine Freundin von Uli ruft an: »Hallo Uli, kommst du raus, Fußballspielen? Der Ingo ist auch da!« »Nein«, schreit der Uli, »ich habe mal wieder Babydienst!« »Deswegen musst du mich doch nicht gleich so anbrüllen«, motzt Julia in den Hörer und legt beleidigt auf. Jetzt reicht es dem Uli auch bald. Er legt sich neben Eva auf den Boden, streichelt sie vorsichtig und meint: »Wenigstens wir zwei vertragen uns.« Eva lacht und gluckst dabei – und Ulis Hund Fips schleicht sich vorsichtig heran. Er schleckt Uli liebevoll die Hand ab, als wollte er ihn trösten. »Ja, Fips, ich weiß, du bist mein bester Freund«, sagt Uli. Da wedelt Fips begeistert … und trifft leider mit seinem Hundeschwanz die Eva. Die erschrickt mächtig und beginnt gleich wieder zu schreien. »Wieso brüllt denn das Baby schon wieder? Uli, was ist los?«, ruft die Mama aus der Küche. Fips verzieht sich unter den Tisch. »Na, das ist wohl heute nicht unser bester Tag«, murrt Uli und versucht Eva wieder zu beruhigen.

Barbara Berger

Anregung

Überlegen Sie mit Ihren Kindern gemeinsam:

- Gab es in Ihrer Familie schon ähnliche Situationen?
- Worum ging es in Ihrem letzten Streit?
- Wie streiten Sie innerhalb der Familie miteinander?
- Und wie versuchen Sie den Streit zu lösen?

Streit – Gedanken für Eltern

Miteinander zu diskutieren oder ein Streitgespräch zu führen muss nicht unbedingt eine negative Färbung haben. Sich auf eine Auseinandersetzung mit einem anderen Menschen einzulassen heißt auch, dass der andere diese intensive Auseinandersetzung wert ist. Oftmals können in zwischenmenschlichen Beziehungen durch einen guten Streit neue Wege zueinander geöffnet werden: Man kann sich mit jemandem »zusammenstreiten«.

Problematisch wird ein Streit erst, wenn die Wege zueinander nicht mehr gefunden werden,

- weil die Fronten sich verhärten;
- weil keiner dem anderen zuhören will;
- weil keiner den anderen verstehen will;
- und weil der eigene Stolz es nicht zulässt, den ersten Schritt in Richtung Versöhnung zu wagen ...

Die Geschichte »So ein Tag« aus dieser Abend-Oase findet in der nächsten Abend-Oase zum Thema »Versöhnung« eine Fortsetzung!

3. Versöhnung

Diese Geschichte hat bereits in der Abend-Oase zum Thema Streit begonnen und findet nun hier ihre Fortsetzung:

Wollen wir uns wieder vertragen? – Eine Geschichte

Uli tut es eigentlich Leid, dass er die Julia gestern so angebrüllt hat, am Telefon. Er war einfach durcheinander. Uli kann es nämlich gar nicht leiden, wenn seine Eltern sich streiten. Und eigentlich wäre er ja viel lieber mit Julia und Ingo zum Fußballspielen gegangen, als auf seine kleine Schwester Evi aufzupassen. Uli mag die Evi sehr gern, aber er spielt auch gern mit seinen Freunden Fußball auf dem großen Spielplatz ...

Nun sitzt Uli in seinem Zimmer und überlegt, wie er das mit der Julia nun wieder gutmachen könnte. Evi schläft in ihrem Zimmer und die Eltern vertragen sich auch wieder.

Er beschließt Julia anzurufen. Vielleicht hat sie ja Lust, mit ihm auf den Spielplatz zu gehen? Gerade als er den Telefonhörer in die Hand genommen hat, klingelt es an der Tür. Uli rennt schnell hin und macht auf. Da stehen Julia und Ingo, den Ball unter dem Arm.

»Hallo Uli«, sagt Julia, »wir wollten mal fragen, ob du heute Zeit hast. Oder hast du wieder Babydienst?« »Nein, die Evi schläft sowieso und heute sind Papa und Mama dran mit dem Aufpassen«, ruft Uli erleichtert.

Er rennt ins Wohnzimmer. »Ich gehe jetzt mit Julia und Ingo auf den Spielplatz!«

»Na dann, viel Spaß«, sagt die Mama. »Ja, und schieß ein paar Tore für mich mit, mein Großer«, ruft ihm der Papa hinterher.

Uli ist glücklich. Aber ein bisschen drückt ihn der Streit von gestern noch. Auf dem Weg zum Spielplatz nimmt er seinen ganzen Mut zusammen und sagt: »Julia, … also wegen gestern … Ich wollte dich nicht so anfauchen am Telefon. Aber ich habe mich so geärgert, und …«

»Na ja«, meint Julia, »Ich habe mich eben geärgert, weil du so sauer warst … aber ich habe dich ja auch gleich angemotzt.«

»Wollen wir uns wieder vertragen?«, fragt Uli leise.

»Logisch! Wir sind doch Freunde, oder?«, sagt Julia und lacht dem Uli ins Gesicht.

»Jawohl!«, ruft Ingo und schießt den Ball quer über den Spielplatz. Alle drei rennen los.

Barbara Berger

Die richtige Zeit …

Für alles gibt es eine Stunde und es gibt eine Zeit für jedes Geschehen unter dem Himmel:
eine Zeit zum Geborenwerden – und eine Zeit zum Sterben,
eine Zeit zum Pflanzen – und eine Zeit zum Ausreißen der Pflanzen,
eine Zeit zum Töten – und eine Zeit zum Heilen,
eine Zeit zum Einreißen – und eine Zeit zum Bauen,
eine Zeit zum Weinen – und eine Zeit zum Lachen,
eine Zeit zum Klagen – und eine Zeit zum Tanzen,
eine Zeit zum Werfen der Steine – und eine Zeit zum Sammeln der Steine,
eine Zeit zum Umarmen – und eine Zeit sich aus der Umarmung zu lösen,
eine Zeit zum Suchen – und eine Zeit zum Verirren,
eine Zeit zum Behüten – und eine Zeit zum Loslassen,
eine Zeit zum Zerreißen – und eine Zeit zum Zusammennähen,
eine Zeit zum Schweigen – und eine Zeit zum Reden,
eine Zeit zum Lieben – und eine Zeit zum Hassen,
eine Zeit des Krieges – und eine Zeit des Friedens.

Kohelet oder Prediger 3,1–8

Versöhnung ist manchmal gar nicht so leicht!

Bauchgrimmen und ein schlechtes Gewissen,
»Aber ich bin nicht schuld!«, denk ich verbissen.
Dieser Streit musste sein –
sowas lass ich mir nicht gefallen!
Und ich mach mich ganz klein
und igel mich ein ...
Da sitz ich nun, so traurig und allein,
und plötzlich fällt mir was anderes ein:

Vielleicht war unser Streit ja doch nicht richtig?
Vielleicht war ich mir einfach selbst zu wichtig?
Vielleicht hätte ein Wort,
bloß ein einziges, kleines
oder ein Lächeln,
ein zartes, feines
dem Streit einfach
ein Ende gemacht.

Und nun –
will ich den ersten Schritt wagen,
dem anderen etwas Nettes sagen,
Frieden machen.
Versöhnung wagen
und wieder gemeinsam lachen!

Barbara Berger

4. Wut

Die Sache mit der Wut ...

Andi ist oft wütend.
»Du bist ein Rumpelstilzchen«,
sagt die Mama.
»Du bist fürchterlich«,
schimpft der Papa.
»Du bist ganz schön schwierig«,
seufzt die Erzieherin.
»Der Andi ist schlimm«,
sagen die anderen Kinder.

Aber keiner fragt den Andi,
warum er eigentlich wütend ist.
Dabei würde er so gern erklären:
... dass er im Kindergarten nicht still sitzen
und ein Spiel machen will;
... dass er den Morgenkreis nicht mag;
... dass die Tante Inga immer »Kleiner« zu ihm sagt;
... dass die Erzieherin immer sagt: »Na, wer wird
das wohl wieder gewesen sein? Der Andi!«;

... dass der Florian immer mit ihm raufen will;
... dass die Sarah aus dem Nachbarhaus ihn immer schubst.

Das alles ärgert Andi.
Und darum ist er oft wütend.
Und weil ihm auch keiner mal zuhört
und ihm keiner einen guten Rat gibt!
Aber das traut er sich alles
nicht einfach so zu sagen ...

Barbara Berger

Anregung

Überlegen Sie während der Abend-Oase mit Ihren Kindern gemeinsam:

Kennst du das Gefühl, wenn du wütend bist?

Wie fühlt sich eine Wut an?

Versuchen Sie gemeinsam mit Ihrem Kind ein Wut-Theater zu spielen: Wie sehen Menschen aus, wenn sie wütend sind? Welchen Gesichtsausdruck haben sie? Und wie können Gesten der Wut aussehen? (Stampfen, mit der Faust drohen ...)

Weshalb sind Menschen wütend?

Kennen Sie oder Ihr Kind vielleicht ähnliche Situationen, wie sie Andi in der Geschichte erlebt?

Erzählen Sie einander, weshalb Sie wütend werden können, was Sie zornig machen kann.

Welche Möglichkeiten fallen Ihnen und Ihrem Kind ein, einer Wut in angemessener Weise Ausdruck zu verleihen, oder sie erst gar nicht so groß werden zu lassen?

Juni

1. Pfingsten

UNSER MONATSBILD: JUNI

Der Wind bläst in die Pusteblume. Alles ist so lebendig!
Manchmal spüren wir diesen Hauch oder auch ein Brausen. Das führt uns zusammen. Wir sind verbunden.
Pfingsten: Gottes Geist breitet sich aus in alle Welt. Er ist in uns wie unser Atem, er umfängt uns wie der Wind ... Unser guter Stern wirkt in allem.

Die Geschichte

Der kleine Nick hörte von einem geheimnisvollen Weisen mit einem fröhlichen Gesicht, der auf einem Berg wohnte. Mit seiner Mutter besuchte er ihn und stellte ihm die Frage:

»Wie soll ich mir das vorstellen, Pfingsten?«

Die gütigen Augen des bärtigen Mannes schlossen sich kurz, dann erzählte er folgende Geschichte:

»Der Samen einer Pusteblume fiel an einem bestimmten Ort in die Erde. Im nächsten Frühjahr, als der Schnee geschmolzen war, wuchs der Samen aus der Erde und die Pusteblume fing an zu blühen.

Im Sommer war der Ort übersät mit vielen Pusteblumen mit ihren weißen Fallschirmchen.

Komm Nick, wir holen eine Pusteblume.«

Der geheimnisvolle Weise ging mit Nick auf die große Blumenwiese auf den

Berg und pflückte eine Pusteblume. Er holte tief, tief Luft und pustete so gut er konnte, mit ganzer Kraft die vielen kleinen Samenfallschirme der Blume in alle Richtungen.

»Schau her, so ist es, wenn sich eine große Idee in alle Himmelsrichtungen verbreitet. Das ist Pfingsten.

So wie damals, als die Freunde und Freundinnen von Jesus seine großen Ideen in alle Welt verbreiteten.«

Anregung

- Sprechen Sie während Ihrer Abend-Oase über das Monatsbild.
- Entdecken Sie gemeinsam den Monatsstern.
- Lesen Sie sich die Geschichte vor.
- Erzählen Sie sich von Erfahrungen, bei denen gute Ideen sich durchgesetzt haben.
- Erzählen Sie sich, wann und wo Sie vom »Feuer der Begeisterung« angesteckt waren oder sind.
- Schön wäre an Pfingsten, die abendliche Kerze hinter ein Sternentransparentbild mit rotem Papier zu stellen.

2. Stark sein – schwach sein

Die Jünger Jesu streiten sich, wer unter ihnen der Größte ist:

Ich bin der Größte, weil ich ganz toll Fischen kann.

Ich bin der Größte, weil Jesus mich am meisten liebt.

Ich bin der Größte, weil ich das größte Haus habe.

Ich bin der Größte, weil ich das meiste Geld habe …

Wir kennen das.

Und was macht Jesus? – Der stellt ein kleines Kind zwischen die streitenden Jünger und sagt: »Wer unter euch allen der Kleinste ist, der ist groß.«

Bitte? Was meint er?

Ronja sitzt im Rollstuhl. Beim Mitkommen ist sie immer die Langsamste. Was ist daran groß? Härings haben das allerkleinste Haus im Baugebiet. Man sieht es kaum. Das soll groß sein? Vidoupilos sprechen kaum ein Wort deutsch. Groß?

Und Paul stottert. Ihm hört selten jemand zu, weil er so lange braucht. Was könnte daran groß sein?

Anregung

Und wie ist das bei uns in der Familie? Ist das fest verteilt, wer stark ist und wer schwach, wer klein ist und wer groß?

Kann Papa alles?

Ist Mama nie müde?

Wer gewinnt beim Memory?

Wer ist das lustigste Familienmitglied?

Wer kann am besten Seil hüpfen?

Und wer am besten Fußball spielen?

Und wer ist der/die Klarste am Computer?

Groß ist, wer auch mal eingestehen kann, dass er oder sie nicht der oder die Größte, Schönste, Beste ist. Groß ist, wer sagen kann: »Du, hilf mir mal, ich schaff das nicht allein.« Groß ist, wer anderen helfen kann ohne zu prahlen: »Was, das kannst du nicht?« Groß ist, wer andere groß sein lassen kann. – Bei Gott jedenfalls.

3. Vertrauen

Angstgeschichte

Es ist Abend. Susanne sitzt in der Badewanne. Sie mag es gern, wenn ihr Mama am Abend eine Badewanne mit ganz viel Schaum eingelassen hat. Sie spielt mit dem Waschlappen. Es macht ihr Spaß, den Waschlappen mit Wasser zu füllen, und ihn dann aus dem Wasser zu heben: Das Wasser kommt dann in vielen feinen Strahlen durch den Stoff des Waschlappens und plätschert in die Badewanne zurück. Und da, wo die Strahlen wieder ins Badewasser zurückfallen, entstehen neue Schaumbläschen. Susanne tut das immer wieder und ist ganz in Gedanken versunken: In der alten Wohnung hat sie auch immer gebadet und das gleiche Spiel mit dem Waschlappen gemacht.

Vor ein paar Wochen sind die Eltern mit Susanne umgezogen. Die Mama wird bald ein zweites Kind bekommen, ihr Bauch ist schon ganz dick. Der Papa hat gesagt, in dem Bauch von Mama ist das neue Baby drin. Susanne wird also bald ein kleines Geschwisterchen haben, und deshalb braucht die Familie eine größere Wohnung. Susanne hat nun auch ein neues Zimmer. Es ist groß und hell. Am Tag, wenn die Sonne scheint, mag Susanne das Zimmer sehr gern, aber am Abend findet sie es nicht so schön. Es ist sehr dunkel und das Wohnzimmer ist so weit weg, ganz am anderen Ende von diesem langen, dunklen Flur. Es ist abends so dunkel und leise um sie herum, dass Susanne manchmal denkt, sie wäre allein – und das macht ihr Angst.

Susanne plätschert noch ein wenig im Badewasser herum, da kommt der Papa zur Türe herein. »So, du kleine Wasserratte, raus aus der Wanne!«, lacht er und hilft ihr beim Abtrocknen. Susanne kann das eigentlich schon fast allein, aber sie mag es auch gern, wenn der Papa ihr hilft. Sie schlüpft in den Schlafanzug und fragt: »Papa, kann ich noch ein bisschen zu euch kommen?« »Ach, Susanne, es ist schon so spät, und morgen gehst du doch wieder in den Kindergarten«, meint Papa. Aber nach ein wenig Betteln hat Susanne ihn überzeugt: Sie darf noch ein bisschen bei den Eltern auf dem Sofa kuscheln. Aber irgendwann ist leider auch damit Schluss, Mama und Papa bringen Susanne in ihr Bett. Nach dem Gutenachtkuss fragt Susanne: »Mama, ihr bleibt aber da, oder?« Mama schaut Susanne überrascht an: »Ja, natürlich, mein Schatz! Wo sollten wir denn sonst hingehen?« »Nein, ich meine ja nur ..., es ist so leise bei mir!« Mama beugt sich über Susanne, drückt ihr noch einen dicken Kuss auf die Nase und sagt: »Susanne, der Papa und ich sind im Wohnzimmer, und da bleiben wir auch. Versprochen!« Zufrieden dreht sich Susanne auf die Seite, und lächelt ihre Mutter an.

Mama geht aus dem Zimmer, sie macht das Licht aus, lehnt die Türe an und Susanne ist allein. Sie versucht ganz fest daran zu denken, dass Mama und Papa gar nicht weit von ihr weg sind. Und sie hat eigentlich überhaupt keine Angst. Sie versucht in der Dunkelheit etwas zu sehen, aber ihre Augen können gar nichts erkennen. Sie spitzt die Ohren: Da hört sie, wie die Wohnzimmertüre geöffnet wird und jemand in der Küche Licht macht. Sie sieht auch den schmalen Lichtschein in ihr Zimmer fallen. Dann hört sie die Kühlschranktüre und das Geklapper von Gläsern. Dann geht das Licht wieder aus und Susanne hört wieder die Wohnzimmertüre und die Stimmen ihrer Eltern. Dann ist es wieder leise. Wahrscheinlich hat der Papa noch etwas zu trinken geholt. Susanne dreht sich um und spürt, wie sie langsam müde wird.

Plötzlich erschreckt sie sich: Ob sie kurz eingeschlafen ist? Susanne lauscht: Es ist sehr dunkel um sie herum und obwohl sie sich anstrengt, kann sie gar nichts hören, kein Geräusch in der dunklen Wohnung. Susanne fühlt, wie ihr Herz pocht. Ob sie allein ist? Wo sind Mama und Papa? Sie haben versprochen da zu sein. Aber es ist so leise und finster um sie herum ... Susanne hat einen dicken Kloß im Hals, und weil es so dunkel ist, weiß sie gar nicht, wo sie aus ihrem Bett herausklettern soll. »Mama!«, ruft Susanne, und ihre Stimme ist ganz klein und piepsig. »Papa! Mama!«, ruft Susanne noch einmal.

Da hört sie die Türe im Wohnzimmer, im Flur geht Licht an und Susannes Vater kommt ins Zimmer. »Was ist denn los?«, fragt er, »kannst du nicht schlafen?« Susanne kullern dicke Tränen über die Backen: »Ich habe euch nicht gehört, und es ist so dunkel hier!«, schluchzt sie los, »und ich habe gedacht, dass ich allein bin!« Papa nimmt Susanne fest in den Arm: »Wir lassen dich bestimmt nicht allein. Aber das weißt du doch auch, oder?« »Ja, schon ...«, erwidert Susanne, »Aber wenn es so dunkel ist ...!« Mama kommt nun auch ins Zimmer und setzt sich zu Susanne aufs Bett. Papa sieht sich im Zimmer um und meint dann: »Das haben wir gleich, warte mal, meine Kleine ... ich hole nur schnell etwas.« Und schon ist er im Nebenzimmer verschwunden.

Als er wiederkommt, hat er etwas winziges Gelbes in der Hand. »Schau mal, ein kleiner Stern. Das ist eine kleine Lampe, die haben wir von Tante Angela bekommen, für das Baby. Aber ich glaube, wir lassen den kleinen Stern erst mal bei dir leuchten ...« Und schon hat er den kleinen Stern in die Steckdose gesteckt und da leuchtet er nun. Papa wünscht Susanne noch einmal eine gute Nacht und geht wieder ins Wohnzimmer. Mama gibt Susanne noch einen Gutenachtkuss und meint: »Weißt du was: Wir lassen die Türe nun einfach ganz auf, ja? Dann kannst du uns auch hören. Und ich verspreche dir: Wir bleiben da, und dein kleiner Stern passt auch auf, ja?« Susanne nickt, und kuschelt sich ein. Sie hört, wie Mama ins Wohnzimmer geht, und dann schaut sie ihren kleinen leuchtenden Stern an: Nun braucht sie wirklich keine Angst mehr zu haben!

Barbara Berger

Vertrauen – Eine besinnliche Abend-Oase

Wenn wir einen Menschen lieben und erfahren, dass wir uns auf diesen Menschen wirklich verlassen können, entwickeln wir Vertrauen zu ihm. Aber es gibt Situationen, die für uns so schwierig sind, dass es uns nicht leicht fällt, einem anderen Menschen wirklich zu vertrauen.

Jede/r von uns hat schon einmal erlebt, dass ihr/sein Vertrauen von jemandem enttäuscht wurde, dass sie/er sich auf einen anderen Menschen nicht mehr verlassen konnte. Und es ist nach solchen Erfahrungen schwierig, wieder Vertrauen zu anderen Menschen zu fassen.

Möglicherweise sind es aber auch wir selbst, die – ohne Absicht oder bösen Willen, vielleicht einfach nur aus Achtlosigkeit – das Vertrauen anderer Menschen enttäuschen und sie durch unser Verhalten verletzen.

Vertrauen zu unserem Gott

Gott hat uns gesagt, dass wir auf ihn zählen und uns auf ihn verlassen können: Wir können auf ihn vertrauen, er lässt uns nicht allein. In der Bibel, im Buch Exodus (3. Kapitel) sagt Gott zu uns Menschen: »Ich bin für euch da.«

4. Hochzeitstag

Unser Hochzeitsbild

Anregung

Heute haben die Eltern Hochzeitstag. Dass die Eltern den feiern, ist ja klar. Aber gibt es für die Kinder auch einen Grund, froh zu sein und mitzufeiern?

Ihr könnt einmal zusammen darüber nachdenken, dass es ohne die Eltern euch Kinder nicht gäbe. Hätte nicht diese Frau, die eure Mama ist, diesen Mann, der euer Papa ist, geheiratet – es gäbe euch nicht. Ist das nicht ein komischer Gedanke?

Holt ein Hochzeitsbild eurer Eltern und klebt es oben ins Buch.

Vielleicht lebt ihr auch in einer Familie, wo Papa und Mama nicht mehr zusammenleben, und ihr seid manchmal traurig darüber.

Ihr könntet ja an einem anderen Tag – zum Beispiel eurem Geburtstag – kurz daran denken, wie gut es war, dass Mama und Papa wenigstens eine Zeit lang zusammen waren: weil es nur dadurch dich/euch gibt.

Juli

1. Ferien

UNSER MONATSBILD: JULI

Die Ähren beginnen zu reifen. Sie wiegen sich im Wind.
Zum Sonnenschein gehören auch unsere Tränen.
In allem entdecken wir Gott. Wir stehen in seinem Einzugsbereich.
Wir können »Gott mit neuen Augen sehen«.
Unser Stern leuchtet kräftig in der feurigen Sommersonne.

Der Kindergarten ist geschlossen. Mama und Papa brauchen morgens nicht zur Arbeit. Wir packen die Koffer mit den Sachen, die wir in den Ferien brauchen: die Badesachen für das Meer oder Wanderschuhe für die Berge und Spielsachen. Auch gute Laune nehmen wir mit.

Endlich haben die Großen mal mehr Zeit für mich! Wir können alle morgens ausschlafen und danach machen, was wir wollen. Manchmal will ich etwas ganz anderes als die anderen.

Manche Tage sind wunderschön. Andere Tage gefallen mir nicht so toll, weil wir dann das machen, was meine kleine Schwester will.

Die Tage sind besonders schön, wenn wir das machen, was ich will.

Wir haben Zeit, essen Pizza oder sind am Wasser.

Abends sitzen wir draußen und schauen in die untergehende Sonne, die ein wunderschönes Abendrot an den Himmel zaubert.

Anregung

Sprechen Sie gemeinsam über Ihre schönsten Erlebnisse während der Ferien

und über das, was nicht so schön ist.

Gebet

Lieber Gott,
in den Ferien ist es immer ganz besonders schön,
weil wir da viel gemeinsam unternehmen können:
die Blumen anschauen, baden, gemeinsam spielen
und dauernd Neues entdecken.
Dafür danken wir dir.
Amen.

2. Mit mir ist nichts los

Im Halbschlaf merke ich, wie die Sonne mich durch das Fenster anblinzelt. Ich drehe mich um und will nichts wissen. Ich bin so müde ...

Es ist ein Ferientag.

Ich habe zu nichts Lust und will nur meine Ruhe.

In meinem Zimmer liegt alles auf dem Boden herum.

Gestern Abend habe ich mein ganzes Spielzeug aus dem Schrank geworfen, weil mir nichts mehr gefällt.

Heute kommt mein Freund Lukas, aber ich habe gar keine Lust mit ihm zu spielen.
Mama sagt: »Komm wir gehen ins Freibad.« »Ach, es ist mir zu heiß und da sind so viele Leute ...Lass mich doch einfach in Ruhe, ich möchte allein sein ...«

Ich bin froh, dass Mama mich lange in den Arm nimmt und mich drückt.

Anregung

Auf dem Monatsbild sind gegensätzliche Stimmungen zu sehen.

Während der Abend-Oase erzählen wir uns, wann uns zum Weinen ist – gerade, wenn das Leben schön ist.

Diese Juli-Abend-Oase kann auch an einem Feuer im Garten stattfinden. Wir blicken in die Flammen und erzählen Lustiges und Trauriges.

3. Manchmal weine ich

Anregung

Erzählen Sie Ihrem Kind, wann Sie ganz traurig waren und weinten. Dies kann in Ihrer Kindheit und Jugendzeit genauso gewesen sein wie in Ihrer jetzigen Lebensphase.

Wer hat Sie dann getröstet, und wie ist es mit Ihrer Trauer heute?

Wann wirst du denn traurig und warum weinst du manchmal? Wer tröstet dich dann, und wie geht das, dass du hinterher wieder lachen kannst?

Vielleicht können Sie zu Lachen und Weinen, zu Traurig-Sein und Fröhlich-Sein gemeinsam mit ganz gegensätzlichen Farben ein Bild malen.

Gebet

Jesus, du hast deinen Freunden erzählt,
dass Gott unsere Tränen trocknen wird
und dass Gott uns nicht allein lässt,
wenn es ganz dunkel in uns ist.
Das tröstet.
Amen.

4. Regentage

So ein Ärger mit dem Regen – Eine Geschichte

Robert liegt noch im Bett. Vor fünf Minuten ist er aufgewacht. Und seitdem hat Robert schlechte Laune. Warum? Er hat gleich nach dem Aufwachen die Ohren gespitzt und festgestellt: Draußen regnet es. Die Autos fahren durch die Pfützen und dann platscht es. Robert kennt dieses Geräusch ganz genau. Und jetzt regnet es auch noch stärker. Das hört Robert, weil es draußen vor seinem Fenster dann gleichmäßig rauscht. Wenn er ganz genau hinhört, kann er auch das Wasser in der Regenrinne gluckern hören.

Robert seufzt und setzt sich im Bett auf. So ein Mist, es regnet, und dabei wollte er doch heute ins Schwimmbad gehen. Das hat er schon gestern mit Philipp verabredet, und nun sind die Schwimmbad-Pläne ins Wasser gefallen.

Robert geht ans Fenster, zieht den Vorhang auf und schaut hinaus in die graue Regenwelt. Die Wolken hängen dick und schwer am Himmel. Es sieht so aus, als würde es heute nicht so schnell aufhören zu regnen. Robert schickt einen bitterbösen Blick zu den Wolken: »Ihr dummen Wolken, könnt ihr nicht woanders regnen?«, fragt sein Blick. Dann sieht er auf die Tropfen, die an seinem Fenster entlanglaufen: »Ihr Regentropfen, könnt ihr nicht irgendwo anders am Fenster entlanglaufen?«, sagt sein Blick. Aber die Wolken verschwinden nicht und die Regentropfen wandern weiter munter über die Fensterscheibe.

Robert schaut nach unten auf die Straße. Eine riesige Pfütze hat sich gebildet, sie reicht fast über die ganze Fahrbahn! Robert sieht sich die Pfütze an. Ein Auto ist gerade durchgefahren, wunderbar hat es gespritzt! Jetzt beruhigt sich das Wasser langsam. Immer deutlicher wird ein Bild sichtbar: In der Pfütze spiegelt sich der Himmel mit seinen grauen, schweren Regenwolken.

Robert sieht genauer hin: Jeder Regentropfen, der in die Pfütze fällt, malt einen Kreis ins Wasser, der immer größer wird, bis er sich auflöst. Das findet Robert doch interessant. Zum Glück regnet es jetzt ein wenig stärker, die Tropfen sind schwerer, da kann man auch die Kreise im Wasser besser sehen. Die Regentropfenkreise vermischen sich, laufen ineinander und lösen sich dann auf. Ständig gibt es neue Kreise! Der Regen wird noch etwas heftiger. Nun fallen die Tropfen nicht mehr einfach so in die Pfütze; da, wo die Regentropfen ins Wasser platschen, spritzt es richtig hoch! Robert ist begeistert. Er steht noch eine ganze Weile am Fenster und hat vor lauter Beobachten ganz vergessen, dass er eigentlich gar keinen Regen mag.

Barbara Berger

Anregung – Regenerlebnisse

Habt ihr euch den Regen eigentlich auch schon einmal so genau angesehen wie Robert in der Geschichte?

Vielleicht habt ihr beim nächsten Regenwetter Lust, die Regentropfen am Fenster, die Wasserpfützen und die Regentropfen, die in die Pfützen fallen, zu beobachten! Ihr werdet bemerken: Regen kann auch etwas sehr Schönes sein!

Regen ist wichtig – lebenswichtig

Regen fällt nicht nur deshalb vom Himmel, damit wir uns an den Tropfen und Pfützen freuen können. Regen ist sehr wichtig für das Leben auf der Erde. Die Bäume und Blumen, die Wiesen und Felder und auch die Tiere und wir Menschen brauchen den Regen, damit alle wachsen können und nicht verdursten.

Alles Wasser, das wir auf der Erde haben, kam irgendwann als Regen vom Himmel: jedes Meer, jeder See, jeder Fluss oder Bach, jede kleine Pfütze und auch unser Trinkwasser.

Das Wasser bildet in der Natur einen großen Kreislauf, den du dir vielleicht gar nicht richtig vorstellen kannst: Das Wasser aus den Meeren steigt wieder auf in den Himmel, sammelt sich in großen schweren Wolken und diese Wolken ziehen dann über die Welt. Und irgendwann regnet aus ihnen das Wasser wieder auf die Erde herab.

So ist dafür gesorgt, dass auf dem Land genug Wasser ist.

Aber manchmal ist dieser Kreislauf gestört und in manchen Ländern gibt es leider zu wenig Wasser. Dann kann die Natur nicht richtig gedeihen: Wälder und Wiesen trocknen aus, das Getreide und die Früchte verdorren und die Ernte ist vernichtet. Die Menschen in diesen Ländern müssen oft schrecklichen Hunger und vor allem Durst leiden. Ihnen geht es nicht so gut wie uns.

Regengedicht

Tausend kleine Regentropfen
hör ich nachts ans Fenster klopfen.
Sie fangen zu erzählen an,
ob ich das wohl hören kann?
Sie erzählen mir ganz leise
von der langen Regenreise.

In Wattewölkchen fing sie an,
so hoch, dass man's kaum sehen kann.
Die Wölkchen wurden immer mehr
und wuchsen und wuchsen wirklich sehr.
Schließlich blies ein feiner Wind,
sodass sie fortgeflogen sind.

Über Wiesen, über Felder
über Städte, über Wälder
zogen die Wolken nun daher
bis sie dunkel wurden
und regenschwer.

Die Menschen sahen hoch hinauf
und setzten ihre Hüte auf.
Es dauerte auch gar nicht lang,
da fing es schon zu regnen an.
Die bunten Blumen und das Gras,
der Wald und alles wurde regennass.
Auch die Tiere bemerkten den Regen
und freuten sich über den nassen Segen.
Der Regen hat allen Wasser gebracht,
und die Natur ist zum Leben erwacht.

Auch wir Menschen groß und klein
können froh darüber sein,
dass die vielen Regentropfen,
die in unserer Welt anklopfen,
nicht nur Regenlieder singen,
sondern reines Wasser bringen!

Der Regen hat tausende kleine Tropfen,
die leise an mein Fenster klopfen.
Sie erzählen von ihrer Reise
in ihrer plätschernden Regenweise.
Und ich höre verwundert hin,
wie großartig
die Wunder des Lebens sind!

Barbara Berger

August

1.Sonnenblume

UNSER MONATSBILD: AUGUST

Sommersonne.
Sommergewitter.
Sommerblumen – Sonnenblumen.
Manchmal erzeugt die Hitze Spannung in uns: Gewitter.
Ärger und Streit, Hell und Dunkel, Gewitter und Reinigung – beides gehört zu unserem Leben.
Gerade da suchen wir den Stern.

Die Sonnenblume dreht ihren Kopf immer dem Licht der Sonne zu, weshalb sie in einigen Sprachen auch »Sonnendreher« heißt. Es ist, als ob sie wüsste, dass sie die Sonne zum Leben braucht. Und je mehr sie sich der Sonne entgegenstreckt, umso ähnlicher wird sie ihr.

Anregung

Lasst euch in eurer Abend-Oase von den Farben des Monatsbildes verlocken.

Malt dieses Sonnenblumen-Mandala aus.

Toll wirkt das, wenn die Malvorlage vorher mit einem Kopierer vergrößert wird.

Jesus sagt:
»Ich bin das Licht der Welt. Wer mir nachfolgt, wird nicht in der Finsternis umhergehen, sondern wird das Licht des Lebens haben.«

Gebet

Jesus,
du bist mein Licht, meine Sonne.
Und ich will es machen wie die Sonnenblume:
Ich will mich deinem Licht entgegenstrecken.
Dann werde ich von deinem Licht angestrahlt
und werde selbst hell.
Andere können sich dann an mir freuen.
Sie sagen:
Schau, die schöne Sonnenblume –
sie leuchtet fast so hell wie die Sonne selbst.

Marlies Mittler-Holzem

2. Sonne – Mond

Morgens wird es hell und abends wird es dunkel. Das ist jeden Tag und jede Nacht so. Wir denken, die Sonne geht schlafen. Aber es ist anders. Die Erdkugel dreht sich von der Sonne weg, sodass wir die Sonne nicht mehr sehen können. Aber die Sonne leuchtet weiter und weiter. Am nächsten Morgen dreht sich die Erdkugel wieder zur Sonne hin, es wird wieder Tag und die Sonne lacht uns entgegen. In der Nacht schlafen wir und ruhen uns für den nächsten Tag aus.

Am Tag können wir gemeinsam spielen, essen, fröhlich sein, malen. Wir können sehen, weil die Sonne uns Licht gibt.

Wenn der Mond am Himmel steht, dann wird er von der Sonne angeleuchtet und wir sehen ihn auch in der dunklen Nacht hell scheinen.

Der Mond ist aufgegangen

Der Mond ist aufgegangen,
die goldnen Sternlein prangen
am Himmel hell und klar.
Der Wald steht schwarz und schweiget,
und aus den Wiesen steiget
der weiße Nebel wunderbar.

Wie ist die Welt so stille
und in der Dämmrung Hülle
so traulich und so hold,
als eine stille Kammer,
wo ihr des Tages Jammer
verschlafen und vergessen sollt.

Seht ihr den Mond dort stehen?
Er ist nur halb zu sehen
und ist doch rund und schön.
So sind wohl manche Sachen,
die wir getrost belachen,
weil unsre Augen sie nicht sehn ...

Matthias Claudius

Jesus sagt von sich:

Ich bin das Licht der Welt. Er ist für uns wie Licht gegen die Dunkelheit. Das Licht Jesu ist tief in unserem Herzen und wir müssen uns deswegen vor der Dunkelheit nicht fürchten.

3. Angst – Mut

Das mutige Kaninchen – Eine Geschichte

Es war einmal eine Kaninchenfamilie mit fünf Kindern.

Von den fünf Kaninchenkindern waren vier wirklich sehr tüchtig. Nur Kunikl konnte nicht richtig mithalten. »Du bist gar nichts!«, sagten die tüchtigen Kaninchenkinder zu ihm.

Er saß auf der Wiese, weinte und ließ beide Ohren hängen. Keiner spielte mehr mit ihm. Keiner weckte ihn nachts, wenn er schlecht träumte. Keiner teilte mit ihm eine Rübe oder ein Krautblatt oder ein Maulvoll Klee.

Plötzlich stellte Kunikl beide Ohren auf. Kam da nicht jemand? Kunikl schnupperte. Der da kam, roch nicht nach Kaninchen. Er roch nach Feind. Kunikl trommelte mit der Hinterpfote auf den Boden. Das heißt in der Kaninchensprache: Achtung! Gefahr!

Kanikl, Könikl, Kinikl und Kaunikl kamen angerannt: »Was ist los?« »Ein Dachs!«, flüsterte Kunikl. »Da ist er schon.« Alle liefen davon. Alle gleich schnell. Zehn Paar Pfoten rannten dicht nebeneinander. Fünf Paar Ohren und fünf Schnurrbärte wehten im Wind.

Der Dachs kam hinter ihnen her.

»Ob er uns einholt?«, fragte Kanikl.

»Das glaube ich nicht«, sagte Könikl.

»Dachse können gut watscheln ...«

»... aber nicht gut rennen!«, sagte Kinikl.

»Ich weiß was!«, rief Kunikl. »Wir laufen zurück und vertreiben ihn.« Kanikl, Könikl, Kinikl und Kaunikl staunten. »Was du dich traust!«, sagten sie. »Du bist aber tapfer!«

»Bin ich tapfer?«, fragte Kunikl. »Ich trau mich nur, weil wir alle wieder zusammen sind.«

Da drehten sie um und liefen zurück. Der Dachs machte kehrt und wackelte davon.

Seitdem spielen Kanikl, Könikl, Kinikl, Kaunikl und Kunikl wieder zusammen auf der Wiese. Sie rollen von den Hügeln, sie rascheln im Laub, sie teilen jede Rübe, jedes Krautblatt, jedes Maulvoll Klee.

Sie spielen: Über-die-Wiese-Hüpfen.

Sie spielen: Unter-die-Bäume-Schlüpfen.

Sie spielen: Der Fuchs kommt! Und was man da macht!

Oder: Hallo! Ein Bussard! Nehmt euch in Acht!

Aber wenn einer sagt: »Ich bin besser als ihr!« – dann rufen alle: »Hoppelpopp!«

Nach Mira Lobe

Anregung

Überlegen Sie während der Abend-Oase mit Ihren Kindern gemeinsam:

Wie hat sich Kunikl gefühlt, als er da ganz allein auf der Wiese saß?

Als er dann gemeinsam mit seinen Geschwistern vor dem Dachs davonlief, wurde Kunikl plötzlich sehr mutig. Wie war das wohl möglich?

Was hat Kunikl in dieser Situation so tapfer gemacht?

In Gemeinschaft mit anderen fühlen wir uns mutig und stark. Aber wenn wir einsam sind, droht uns der Mut zu verlassen, wir werden ängstlich und unsicher ...

Haben Sie oder Ihre Kinder schon eine solche Situation erlebt?

Erzählen Sie sich gegenseitig von Ihren Erfahrungen.

Gemeinschaft von Menschen – ein Erfolgsrezept

Zwei sind besser als einer allein, falls sie nur reichen Ertrag aus ihrem Besitz ziehen. Denn wenn sie hinfallen, richtet einer den anderen auf. Doch wehe dem, der allein ist, wenn er hinfällt, ohne dass einer bei ihm ist, der ihn aufrichtet. Außerdem: Wenn zwei zusammen schlafen, wärmt einer den anderen; einer allein – wie soll er warm werden? Und wenn jemand einen Einzelnen auch überwältigt, zwei sind ihm gewachsen, und eine dreifache Schnur reißt nicht so schnell.

Kohelet 4, 9–12

4. »Du sollst ein Segen sein«

Kennst du Abraham und Sarah? Die beiden haben vor langer, langer Zeit gelebt. Sie waren verheiratet und lebten ganz normal vor sich hin. Sie machten alles so wie die Leute um sie herum. Sie fielen nicht weiter auf. Bis dann eines Tages Abraham zum ersten Mal Gott hörte: »Abraham, schau nicht so sehr nach den anderen um dich herum. Schau auf mich, hör auf mich und du wirst zum Segen für ganz viele Menschen, nicht nur für die paar, mit denen du hier lebst.« (Etwas genauer steht die Geschichte im ersten Buch der Bibel, dem Buch Genesis, im 12. Kapitel.)

Abraham hat das Ganze Sarah erzählt und die beiden haben versucht zu verstehen, was Gott meint: Was ist das, ein Segen sein?

»Ein Segen«, meinte Sarah, »ist etwas, das mir gut tut.«

»So wie ein Stück Fladenbrot, wenn ich Hunger habe?«

»Nicht ganz, denn das Brot kann ich selbst machen, ein Segen ist wie ein Geschenk. Ich freue mich und weiß genau, ich habe etwas bekommen, das ich allein nicht zustande gebracht hätte. Es zeigt mir, dass ich nicht allein lebe und das auch gar nicht kann.«

Abraham fragt: »Aber warum kann ich nur ein Segen sein, wenn ich anders lebe als die Leute um mich herum? Ich will gar nicht auffallen.«

Sarah erwidert: »Ein Geschenk, das dir nicht auffällt, ist keines. Ein Geschenk ist etwas besonders Schönes.« »Und du meinst«, sagt Abraham, »so sind wir bei Gott? Etwas besonders Schönes?« »Ja, Abraham, bei Gott sind wir einzigartig. Es gibt Dinge, die kann nur ich, die kann ich mir nicht bei den anderen abgucken. Das sind meine Gaben, mit denen Gott mich gesegnet hat.« Und Abraham sagt: »Also, wenn ich bin, wie nur ich sein kann, mit meinen Gaben, dann bin ich ein Segen.«

Anregung

In der Abend-Oase können wir uns nach dem Lesen der Geschichte gegenseitig daran erinnern, dass wir bei Gott etwas ganz Besonderes sind.

Wir können uns gegenseitig sagen:

»Du sollst ein Segen sein.« Oder: »Gott segne dich heute Nacht.«

September

1. Erster Kindergartentag

UNSER MONATSBILD: SEPTEMBER

Immer beginnt im Leben etwas neu. Neues Leben kommt in die Welt.
Wie eine Spirale bewegt sich das Leben weiter.
Nicht ohne Störungen und bedrohliche Situationen geht das.
Trotzdem: Gott gibt Schutz und große Geborgenheit: Seine Hand und unser Stern begleiten uns.

Der erste Tag im Kindergarten oder in einer Kindergruppe ist ein großer Einschnitt: Ab jetzt geht Ihr Kind für einen Teil des Tages einen eigenen Weg; als Eltern sorgen Sie ab diesem Tag nicht mehr allein für das Kind.

Das ist für viele Eltern – besonders beim ersten Kind – ein beunruhigender Gedanke. Und auch manchen Kindern fällt der Übergang in den Kindergarten schwer.

Anregung

Eine Hilfe für Ihr Kind kann es sein, diesen Tag als einen besonderen Tag zu feiern. Von den Dingen, die im Kindergarten gebraucht werden (Tasche, Brotdose, Hausschuhe ...), kann eines erst heute geschenkt werden.

Vielleicht finden Sie auch einen schönen kleinen Schlüsselanhänger (eine lachende Sonne oder ein Mini-Kuscheltier), den sie Ihrem Kind an die Tasche oder die Hose hängen können. Sie können sagen: »Und wenn du einen Moment im Kindergarten hast, wo es dir nicht so gut geht, dann schau auf den Anhänger und denk dran, dass wir uns lieb haben. Ich mache es genauso.«

Eltern, denen der Abschied schwer fällt, können darüber nachdenken, wer ihnen jetzt dabei hilft, ihr Kind »auf Händen zu tragen«, zu versorgen, zu lieben, bei ihm zu sein. Der Kreis dieser Personen, die ihrem Kind gut sein und mit ihm zusammen sein wollen, vergrößert sich heute. Das ist auch eine Entlastung. Eltern können aufschreiben, was ihnen dadurch jetzt neu möglich ist.

Abends können sich alle zusammensetzen und sich von diesem ereignisreichen Tag erzählen.

Gott verspricht uns, uns zu halten wie eine Mutter ihr Kind. Ja, sogar noch mehr: Wenn es vielleicht noch vorstellbar wäre, dass eine Mutter ihr Kind vergisst – so schreibt der Prophet Jesaja – Gott vergisst uns nicht. (Vgl. Jesaja, 49,15)

2. Erster Schultag

Wie das wohl wird?
Das große Schulgebäude, viele neue Gesichter.
Kriegen wir eine nette Lehrerin, einen netten Lehrer?
Wie es mir wohl gehen wird mit dem Lesen- und Schreibenlernen?
So ganz wohl ist mir nicht.
Die Schultüte hab ich wenigstens schon und die Süßigkeiten auch. Den ersten Schultag lass ich mir gerne versüßen ...

Anregung

Sprecht am Abend vorher darüber: Welche Bedenken hast du?
Wie wird es wohl gehen?
Worauf freust du dich?

Die Erwachsenen und die Geschwister können von ihrem ersten Schultag erzählen. Haben Sie noch Fotos davon?

Gebet

**Lieber Gott, jetzt ist es soweit.
Ich gehe in die Schule. Das wird sicher ganz spannend.
Beschütze mich auf dem Schulweg und an allen Schultagen.
Amen.**

3. Du gehst mir auf den Geist

Regentag – Eine Geschichte

Draußen regnet es. Aber in der Wohnung ist es richtig gemütlich. Frau Baier ist mit der kleinen Lisa allein zu Hause, die Zwillinge sind noch im Kindergarten und Julia ist in der Schule. Lisa spielt am Boden mit den Bauklötzchen. Frau Baier ist zufrieden: Seit langem hat sie wieder einmal so viel Zeit gehabt, dass sie über eine Stunde mit Lisa spielen konnte. Das ist schon etwas Besonderes, denn in einer so großen Familie mit vier Kindern und zwei Eltern und obendrein einer Katze, einem Hamster und zwei Wellensittichen gibt es meistens so viel Hausarbeit – Kochen, die Küche aufräumen, putzen oder sich um die viele Wäsche kümmern –, dass für das Spielen mit der Jüngsten fast keine Zeit mehr bleibt. Frau Baier schaut auf die Uhr: In fünf Minuten muss der Auflauf in den Ofen, und dann wird sie die beiden Jungs aus dem Kindergarten abholen. Wunderbar ist das heute, alles läuft wie am Schnürchen.

Als Frau Baier mit Lisa losgeht, regnet es stärker, aber Lisa blickt freundlich aus dem Kinderwagen in die verregnete Welt und Frau Baier ist auch bestens gelaunt – noch. Denn schon als die beiden am Kindergarten ankommen, nimmt das Unheil seinen Lauf: Die Erzieherin kommt ihr aufgeregt entgegen: Luis hat gerade einen Legostein verschluckt. Frau Baier lässt sich alles genau schildern und beschließt am Nachmittag zu Dr. Moser zu gehen. Luis sitzt in der Garderobe und schaut schuldbewusst drein. Leon, sein Zwillingsbruder, kommt aus dem Zimmer gerannt. Er hat aber in der Bauecke mit Alex eine solche Unordnung gemacht, dass die Erzieherin ihn zurückruft: Er muss noch aufräumen. In der Zwischenzeit versucht Frau Baier Luis anzuziehen und zu beruhigen. Er kann ihr gar nicht erklären, warum er den Legostein geschluckt hat – es war ein ganz kleiner Legostein. Aber nun hat er es doch mit der Angst zu tun bekommen, er weint und hat schreckliche Angst vor dem Arzt.

Endlich ist Leon auch da. Die beiden Jungs ziehen sich an, aber Leon kann seinen linken Gummistiefel nicht finden. Beim Suchen beginnt er auch noch mit einem anderen Kind Fangen zu spielen. Frau Baier merkt, wie ihre Geduld zu Ende geht und ermahnt ihren Sohn sehr deutlich. Luis steht am Kinderwagen bei Lisa und weint immer noch. Lisa hat gemerkt, dass wohl irgendetwas mit ihm nicht stimmt, und heult nun auch. Endlich ist der Gummistiefel von Leon aufgetaucht und Familie Baier kann losgehen. Den ganzen Heimweg über heult Luis wie ein Schlosshund und will immer wieder wissen, ob er wirklich zu Dr. Moser gehen muss. Lisa weint die ganze Zeit über solidarisch mit. Leon springt in jede Pfütze, die er auf dem Weg sieht. Als er in eine besonders tiefe Pfütze springt und Frau Baier, Luis und Lisa nass spritzt, schimpft ihn Frau Baier aus. Als ob es mit dem Legosteindrama nicht schon genug wäre …

Daheim angekommen, sehen sie eine durchnässte und wütende Julia vor der Türe stehen. Als sie die Mutter mit den Geschwistern kommen sieht, mosert sie: »Wo bleibt ihr denn so lange? Ich muss schnell essen, dann bin ich bei Alina eingeladen, die hat nämlich Geburtstag, und vorher … Mama, ich muss vorher noch ein Geschenk kaufen, vielleicht ein Buch oder so …« Julia verstummt, als sie das Gesicht ihrer Mutter und die heulenden Geschwister sieht. »Das werden wir alles noch sehen, junge Dame«, sagt Frau Baier und schließt die Haustüre auf, »ich habe im Moment wirklich andere Sorgen!«

Leon und Julia verschwinden gleich in ihren Zimmern, Luis und Lisa heulen immer noch um die Wette. Frau Baier ruft: »Julia, kannst du bitte den Tisch decken?« und macht sich daran, für Lisa ein Fläschchen zu machen. Lisa ist so durcheinander, dass sie samt Fläschchen gleich ins Bett gehen soll – neben Luis wird sie sich doch nicht beruhigen. Aber Julia kommt nicht. »Julia, kommst du mal, ich habe dich um etwas gebeten!«, ruft Frau Baier noch mal. Aus dem Zimmer der Zwillinge ertönt ein Getöse. »Leon, was machst du?«, schreit Frau Baier und geht in sein Zimmer. Das Regal mit den Spielsachen ist umgefallen. Im Zimmer tobt das Chaos; vor lauter Legosteinen, Matadorteilchen und Autos sieht man den Boden nicht mehr. »Aufräumen, Leon, aber dalli!«, sagt Frau Baier, und ihre Stimme bebt, dann macht sie die Türe mit Nachdruck zu und geht in Richtung Julias Zimmer. Julia sitzt auf dem Boden, hat einige Hosen und Pullis um sich herum ausgebreitet und schaut ihre Mutter unschuldig an: »Mama, was soll ich heute Nachmittag anziehen?«, fragt sie. »Julia, könntest du jetzt mal den Tisch decken? Ich habe dich schon zweimal gerufen! Alles andere besprechen wir beim Essen.«

Frau Baier dreht sich um und geht in die Küche. Luis hockt auf dem Boden im Wohnzimmer und sieht gedankenverloren Lisa zu, wie sie die Erde aus dem großen Topf mit dem Gummibaum gleichmäßig auf dem Boden verteilt. Sie lacht Frau Baier ins Gesicht. Frau Baier ist fassungslos. Sie schreit ungehalten: »Jetzt reicht's aber, sagt mal, wo bin ich denn hier eigentlich? Luis, warum hast du bei dieser Aktion einfach zugeschaut?! Du weißt, dass das eine Riesensauerei gibt!« Leon und Julia hat der Urschrei ihrer Mutter angelockt – so was ist nicht alltäglich und neugierig stehen sie alle in der Tür. Frau Baier brüllt: »Julia, du deckst jetzt sofort den Tisch und machst dann deine Hausaufgaben und ihr beiden räumt euer Zimmer auf, in einer halben Stunde essen wir und bis dahin will ich nichts mehr von euch hören! Überhaupt nichts, klar?« Die Jungen verkrümeln sich, Julia deckt schweigend Teller auf, Frau Baier schnappt sich Lisa und ihr Fläschchen und geht mit ihr ins Kinderzimmer.

Barbara Berger

Anregungen – Einander auf den Geist gehen

Es lässt sich nicht vermeiden: Wo mehrere Menschen zusammenleben, gibt es manchmal Situationen, in denen wir uns gegenseitig mächtig auf den Geist gehen.

- Haben Sie in Ihrer Familie auch schon ähnliche Situationen erlebt?
- Was sind die typischen »Auslöser« für solche Situationen, und wie versuchen Sie in Ihrer Familie die Lage wieder in den Griff zu bekommen?

Wir erleben manchmal die Grenzen unserer Mitmenschen und müssen lernen diese zu akzeptieren. Das ist zwar nicht immer leicht, aber man kann das auch üben.

Wir erleben aber manchmal auch unsere eigenen Grenzen. Dann geht uns die Umwelt ganz gewaltig auf den Geist! Wir dürfen anderen dann sagen, dass wir gerade genervt sind, und können Rücksicht von ihnen verlangen.

Natürlich ist so eine Situation meistens mit Ärger verbunden und manchmal sind wir traurig, wenn wir feststellen, dass wir jemand anderem auf die Nerven gehen. Wichtig ist, sich dann vor Augen zu führen: Auch wenn wir uns gegenseitig gerade fürchterlich auf den Geist gehen und die Nerven blank liegen, heißt das nicht, dass wir uns gegenseitig nicht mehr lieben! Es steht dann im Moment zwar der Ärger im Vordergrund, aber unsere Gefühle füreinander sind eigentlich immer noch die gleichen ...

- Eine Abend-Oase sorgt gerade nach einem solchen Tag für Entspannung.
- Der »Monatsstern« könnte – wieder als Transparent-Bild – dabei leuchten.
- Vor dem Zu-Bett-Gehen sagen wir uns: »Ich bin dir wieder gut.«

4. Auch Ärger verfliegt …

In der Abend-Oase mit dem Titel »Du gehst mir auf den Geist« haben wir die Geschichte von Familie Baier erzählt. Diese Geschichte findet hier ihre Fortsetzung:

Lisa ist Gott sei Dank gleich eingeschlafen.

Frau Baier geht ins Wohnzimmer und ruft bei Dr. Moser an. »Alles nicht so schlimm«, meint der Arzt. »Wenn Luis beim Mittagessen wieder Appetit hat, wird es keine Probleme mehr geben und der Legostein wird sich seinen Weg in die Freiheit wohl selbst bahnen …« Frau Baier ist etwas beruhigt. Sie holt den Auflauf aus dem Backrohr und ruft ihre Kinder zum Essen.

Und da sitzen sie nun alle unglaublich friedlich um den Tisch: Luis hat seinen Legostein vergessen und albert mit Leon herum. Frau Baier sieht die beiden an und fragt Leon: »Na, wie steht es mit dem Chaos in eurem Zimmer?« Leon schaut seine Mutter an und antwortet lammfromm und mit einem Seitenblick auf seinen Zwillingsbruder: »Ich bin fast fertig mit Aufräumen – und danach spielen wir weiter …« und Julia erzählt begeistert: »Mama, ich hatte heute gar keine Hausaufgaben und habe der Alina jetzt eine tolle Geburtstagskarte gemacht …« Frau Baier kann sich nur wundern über ihre drei Großen, die nun so artig und wohlerzogen erscheinen …

Da geht die Türe auf und Herr Baier kommt ins Zimmer: »Na«, meint er, »hallo, ihr Lieben! Ihr habt's gut, so ruhig und gemütlich sitzt ihr beim Essen, während bei mir in der Firma der Bär tanzt vor lauter Arbeit, Streit und Stress!« Die Zwillinge gucken erstaunt, Julia sieht Frau Baier an. Dann grinst Julia und Frau Baier sagt lachend: »Ja, so ruhig und gemütlich ist es bei uns.«

Gebet

Manchmal ziehen Gewitterwolken auf,
mit Blitz und Donner entlädt sich ein gewaltiger Sturm.
Wir haben Angst, dass er fürchterliche Schäden in unserer Umwelt anrichten wird.
Ein Gewitter kann aber auch sehr reinigend sein.
Wenn hinterher die Sonne wieder ihren Weg durch die Wolkendecke findet,
sehen wir die Schönheit der Welt viel klarer und können uns wieder richtig an ihr freuen.

Und so ist es auch im Leben miteinander:
Manchmal staut sich etwas auf und dann entladen sich Stimmungen
wie ein schreckliches Gewitter, das uns Angst macht.

Lieber Gott, du bist auch im ärgsten Sturm bei uns,
hilf uns, mit solchen Gefühlsgewittern behutsam umzugehen
und hinterher wieder den Weg zueinander zu finden.

Barbara Berger

Anregung

Dieses Gebet können Sie auf eine »gelbe Karte« schreiben. Gewitter-Tage gibt es das ganze Jahr. Abends dann die Karte ziehen ...

Oktober

1. Herbst

UNSER MONATSBILD: OKTOBER

Fülle – Früchte – Gaben: Alles für uns.
Das Leben im Herbst wird immer bunter.
Freude überall, dass wieder so vieles gewachsen ist.
Sogar ein Spinnennetz zieht sich durchs Bild.
Der Stern ist in dieser Fülle in den Äpfeln und Birnen zu greifen.

Schön bunt sind die Blätter an den Bäumen geworden. Die Kastanien werden langsam reif und fallen herunter.
Vor wenigen Monaten waren die Bäume noch voller Knospen und Blüten.
Wie sich das alles verändert ...
Schade eigentlich für die Blätter, dass sie jetzt herunterfallen und von der Straße weggekehrt werden.
Aber so ist es.
Auf den Winter folgt der Frühling.
Auf den Frühling folgt der Sommer.
Und auf den Sommer folgt der Herbst.
Das Grün und das Gelb – und die bunten Blätter dann im Herbst.
So ist es.
Im Sommer sind die Blätter grün.

Wie viele Farben hat der Herbst?

Anregung

Wir machen eine Blätter-Schlacht und lassen uns dabei vom Herbststurm helfen.

Wir kleben abends zusammen ein Bild aus lauter bunten Blättern und hängen es im Kinderzimmer an die Wand.

2. Ernte-Dank

Bibeltext

Jesus erzählt uns Menschen ein Gleichnis:
Hört zu! Ein Sämann ging auf sein Feld, um zu säen.

Und als er die Körner aussäte, fielen einige auf den Weg. Die Vögel kamen und fraßen die Körner auf. Ein Teil der Körner fiel auf felsigen Boden, wo es nur wenig Erde gab, und die Saat ging sofort auf, weil das Erdreich nicht tief war; als aber die Sonne hochstieg, wurde die Saat versengt. Und weil sie keine tiefen Wurzeln hatte, verdorrte sie. Einige der Samenkörner fielen in die Dornen. Die Dornen aber wuchsen und erstickten die Saat, und sie brachte keine Frucht. Ein Teil der Körner schließlich fiel auf guten Boden und brachte Frucht. Die Saat ging auf und vermehrte sich dreißigfach und sechzigfach und hundertfach! (Nach Lukas 8,4–8)

Das Wunder des Wachsens

Der Sämann hat Getreidekörner auf sein Feld gesät. Habt ihr schon einmal ein Getreidekorn genau betrachtet? Es ist klein und unscheinbar. Und doch trägt es solch eine große Kraft in sich, dass aus ihm ein großer Getreidehalm wachsen kann. Wenn das Getreidekorn genügend Erde, Wasser und Licht bekommt, kann es eine ganze Ähre voller neuer Getreidekörner hervorbringen!

Auch Blumen entstehen aus kleinen unscheinbaren Samenkörnern. Und Gräser und Bäume auch. Und die Tiere und Menschen entstehen ebenfalls aus unscheinbar kleinen, kaum sichtbaren Anfängen.

Das Entstehen und Wachsen von Leben ist ein Wunder. Und wir können sehr froh sein über dieses Wunder Gottes, denn wenn es plötzlich keine Früchte, kein Obst und Gemüse, und kein Gras und keine Blumen mehr gäbe, wäre unsere Welt nicht nur grau und arm, sondern wir Menschen müssten wohl verhungern!

Die Natur sehen – Anregung

Der Herbst ist in unseren Ländern jene Zeit, in der die Früchte der Natur groß und reif sind. Die Bauern ernten ihre Felder ab, das Obst wird reif und fällt von den Bäumen.

In den nächsten Tagen könnt ihr gemeinsam in die Natur hinausgehen. Seht euch um und achtet darauf: Welche Früchte sind gerade reif?

Vielleicht könnt ihr einige Früchte sammeln (Fallobst, Beeren, Gemüse ...) und daraus eine Erntedankschale für euer Wohnzimmer gestalten, die ihr mit Kastanien, Hagebutten, bunten Blättern und Nüssen dekoriert.

Erntedank-Gebet

Guter Gott,
du hast uns Menschen reich beschenkt!

In unserer Natur wachsen so viele schöne Dinge:
Manche Früchte dürfen wir essen,
damit wir unseren Hunger stillen können.
Manche Früchte sind einfach so schön zu betrachten,
dass unsere Seele sich freut!

Guter Gott,
du hast uns Menschen reich beschenkt!

Lass uns die wunderbaren Früchte unserer Natur
nicht einfach ernten und essen.
Lass uns auch ihre Schönheit sehen
und dir dafür danken!
Amen.

Barbara Berger

3. über-strapaziert

Gott ist meine Mutter,
nichts fehlt mir.
Sie gibt mir reichlich zu essen und zu trinken,
sie lässt mich ausruhen.
Sie lässt meine Lebenskraft zurückkehren
und lenkt behutsam meine Schritte –
wie es eben eine Mutter tut.

Selbst wenn ich durch schwarzes Dunkel gehe,
fürchte ich nichts Böses;
denn du trittst für mich ein,
dein Einsatz und dein Halt trösten mich.

Du hältst zu mir,
auch wenn alle anderen gegen mich sind.
Du gibst ein Fest für mich
und verwöhnst mich nach Strich und Faden.

Viel Gutes und Treue werden mir folgen mein Leben lang,
und ins Haus Gottes werde ich immer wieder zurückkehren.

Marlies Mittler-Holzem, nach Psalm 23

DIE MUTTER:

Der Tag ist mir zwischen den Fingern zerronnen. Wenig von dem, was ich mir vorgenommen hatte, habe ich geschafft. Dafür Streit geschlichtet, Dinge zum Spielen herbeigeschafft, ausgeholfen, der Nachbarin zugehört, lange bei den Hausaufgaben dabeigesessen, ein Bilderbuch vorgelesen ...
Ich habe noch nicht mal die Zeitung gelesen, keine Minute für mich gehabt, keine Minute allein.
In mir brummt es – und doch bin ich ganz leer. Ich bin müde und gereizt.

Und nun steht ihr da und sagt: »Aber unsere Abend-Oase, oh Mama, bitte.«

Anregung

Lassen Sie sich vom Psalm zum Rollentausch einladen: Sie sind Kind Gottes – und Ihre Kinder sind die Hände des mütterlichen Gottes.

FÜR DIE KINDER:

Heute braucht Gott eure Hände. Vielleicht sagt eure Mutter:

- Ich wünsche mir, dass ich ausruhen kann.
- Ich fände es schön, wenn wir es dafür richtig gemütlich hätten.
- Vielleicht habt ihr Lust, für uns eine Kerze anzuzünden oder eine Duftlampe.
- Ich würde gern mit euch zusammen meine Lieblingsmusik hören.

4. Familien-konferenz

Michael wundert sich, dass Mama morgens nicht aufsteht. Als er sie wecken will, sagt sie zu ihm: Mach dir dein Frühstück selbst. Ich habe heute keine Lust.

Papa sagt: Ich bin jetzt eine Woche weg. Mach's gut ...

Als Michael mittags vom Kindergarten kommt, sitzt seine Mutter in einer Ecke und liest in einem Buch. Ich habe Hunger!

Ich habe keine Lust heute zu kochen!

Immer wenn Michael etwas von seiner Mutter will, sagt sie, ich habe keine Lust und dreht sich wieder weg.

Am Abend fängt Michael an zu weinen, er wird ganz traurig, weil seine Mutter sich so ganz anders verhält.

Frau Mai weckte morgens ihren vierjährigen Sohn. Ich habe keine Lust, sagt Michael. Ich will nicht in den Kindergarten gehen. Ich stehe nicht auf ...

Beim Mittagessen spuckt er die Suppe auf den Tisch.

Er kratzt seine kleine Schwester im Kinderbettchen.
Ich will tun, was ich will, und er stampft auf den Boden und geht in sein Zimmer ...

Anregung

Ein Leben miteinander braucht Regeln.

Welche Regeln sind in Ihrer Familie wichtig geworden? Wozu sind sie wichtig?

Warum gibt es manchmal Streit?

Brauchen Sie in Ihrer Familie vielleicht andere Regeln?

Jede Familie kann immer wieder eine »Familienkonferenz« machen, um darüber zu sprechen. Viele Familien machen das jede Woche einmal, um miteinander besser auszukommen. Unsere Abend-Oasen sind ein guter Ort dafür.

Sie können gemeinsam besprechen:

Was war schön in der vergangenen Woche, was war nicht so schön?

Was können wir nächste Woche anders machen?

Warum ist es schwer, sich an gemeinsame Regeln zu halten?

Welche Regeln sollten wir ändern?

Literaturtipp: Thomas Gordon, Die Neue Familienkonferenz, 12. Auflage, München 2000.

November

1. Namenstag

UNSER MONATSBILD: NOVEMBER

Die Schatten werden länger und die Tage kürzer.
Viele weiße Flecken: Auch Auflösung, Leid und Tod gehören zu unserem Leben. Haben Sie schon erlebt, wie Leid sich verwandelt? Ähnlich wie Raupen in Schmetterlinge. Und: Auch die Raupen wissen nicht, dass sie später einmal in zum Himmel fliegende farbige Schmetterlinge verwandelt werden. Das ist auf unserem Bild zu entdecken!
So verwandelt Gott auch uns Menschen in ein neues Leben, wenn wir sterben. Und der Stern, er leuchtet gerade dann in die Dunkelheit, wenn wir nur noch Fragezeichen sehen.

»... der Eigenname eines Menschen ist nicht etwa wie ein Mantel, der bloß um ihn her hängt und an dem man allenfalls noch zupfen und zerren kann, sondern ein vollkommen passendes Kleid, ja wie die Haut selbst ihm über und über angewachsen, an der man nicht schaben und schinden darf, ohne ihn selbst zu verletzen«. (J. W. von Goethe: Dichtung und Wahrheit II, 10)

Mein Name ist etwas sehr Wichtiges, etwas, das von Anfang an zu mir selbst gehört und mit mir wächst. Schon Neugeborene reagieren nach kurzer Zeit mit beschleunigtem Herzschlag auf die Nennung ihres Namens.

Die Eltern überlegen lange und sorgfältig, wie sie ihr Kind nennen wollen. Sie beraten miteinander, welche Namen gut klingen und mit welchen Namen sie etwas Gutes verbinden: einen lieben Menschen, einen besonderen Menschen, der vor ihrem Kind gelebt hat. Einen Namen brauche ich, damit andere mich ansprechen können, damit ich weiß, dass ich – und nur ich – gemeint bin. Wenn wir keine Namen hätten, wie sollten wir miteinander leben?

In der Bibel gibt es viele Geschichten, in denen Gott Menschen beim Namen ruft. Genauso stellt die Bibel uns ganz viele Namen für Gott vor: Wir können Vater sagen, so wie Jesus es oft getan hat; wir können Mutter sagen wie der Prophet Jesaja, aber auch »mein Fels«, »meine Stärke«, »feste Burg«, wie die Psalmen sagen.

Dass Gott meinen Namen kennt, dass Gott mich kennt und liebt, so wie nur ich bin, das feiern wir am *Namenstag*. Feiern können wir, dass Gott zu jedem Menschen sagt: »Fürchte dich nicht, ich habe dich befreit, ich habe dich bei deinem Namen gerufen, mein bist du.« (Jesaja 43,1)

Heilige

Manche Menschen, die vor uns gelebt haben, beeindrucken uns sehr, und wir bewundern, wie sie ihr Leben gestaltet haben, wie sie sich von Gott haben ansprechen lassen. Solche Menschen bezeichnen wir als Heilige und viele von ihnen haben einen jährlichen Gedenktag im Heiligenkalender. Wer den Namen einer Heiligen oder eines Heiligen trägt, kann den »Namenstag« an diesem Gedenktag feiern.

Anregung: Namenstag feiern – Wie denn?

Der Namenstag könnte ein Tag sein, an dem das »Namenstagskind« immer mal wieder im Mittelpunkt der Familie steht:

- Alle frühstücken zusammen und singen ein Lied.
- Das »Namenstagskind« darf sich ein Mittagessen wünschen.
- Vielleicht gibt es auch ein gemeinsames Kaffeetrinken.
- In der Abend-Oase setzen sich alle gemütlich zusammen und die Eltern erzählen, warum das »Namenstagskind« diesen Namen hat. Die Eltern können dem Kind auch die Geschichte seines Namenspatrons oder seiner Namenspatronin erzählen. Über einige Heilige gibt es auch Kinderbücher.
- Zum Abschluss können alle dem »Namenstagskind« die Hand auflegen und sagen: »Freu dich, Gott hat dich lieb, so wie du bist.«

Anregung: Unserem Namen auf der Spur

Es macht Spaß, sich auf die Spur des eigenen Namens oder der Kindernamen zu machen. Eine erste Orientierung bietet eine Internetseite: www.heiligenlexikon.de. Es ist ein ökumenisches Heiligenlexikon, in dem zurzeit die Lebensläufe von über 3.000 Personen der Kirchengeschichte gespeichert sind. Das Lexikon befindet sich noch im Aufbau.

Aus den vielen Büchern zum Thema »Namenspatrone« sei eines ausgewählt, das auch als Taschenbuch erhältlich ist: Alfred Läpple: Das Hausbuch der Heiligen und Namenspatrone, Goldmann, München 1992

2. Leid

Verena: Mama, du sagst immer, Gott hat uns lieb.

Mutter: Ja.

Verena: Ja, aber Mama, warum macht Gott dann Sachen, die gar nicht lieb sind?

Mutter: Was meinst du denn zum Beispiel?

Verena: Dass Susanne krank ist und sie nicht zu Hause sein kann bei ihren Kindern. Und der Martin hat Neurodermitis und muss sich immer kratzen. Und Tanjas Eltern haben keine Arbeit, deshalb kann Tanja nicht mehr zum Reiten kommen. Warum macht Gott das?

Mutter: Das kann ich dir nicht beantworten; das sind auch meine großen Fragen. Manchmal schimpfe ich richtig mit Gott. Hier auf der Erde gibt es kein Leben ohne Leiden. Warum das so ist, weiß ich nicht. Aber auch Jesus ist ganz traurig, als sein Freund Lazarus stirbt. Er muss sogar weinen. Und du weißt ja, wie furchtbar Jesus ermordet worden ist und wie er hat leiden müssen.

Jesus hat uns aber auch erzählt und gezeigt, dass das, was wir hier erleben, noch nicht alles ist. Gott macht heil, was bei uns un-heil ist. Es gibt Geschichten, in denen Jesus uns zeigen will, dass Krankheit und Leid nicht Gottes letztes Wort sind. Eine kann ich dir erzählen:

Einmal drängten sich ganz viele Menschen um Jesus, weil sie hören wollten, wie er von Gott erzählt. Dabei war auch eine Frau, die schon seit zwölf Jahren an Blutungen litt. Sie war schon bei vielen Ärzten gewesen und hatte sehr gelitten; sie hatte ihr ganzes Geld für Heilungen ausgegeben, aber es hatte nicht genutzt, sondern ihr Zustand war sogar noch schlimmer geworden. Da hörte sie von Jesus. Sie drängelte sich in der Menge von hinten an Jesus heran und berührte sein Gewand. Sie dachte: Wenn ich nur sein Gewand berühren kann, bin ich geheilt. Und sofort hörte die Blutung auf, und sie spürte, dass sie von ihrem Leiden geheilt war. Im selben Augenblick fühlte Jesus, dass eine Kraft von ihm wegströmte, und er drehte sich um und fragte: »Wer hat mein Gewand berührt?« Die Jünger konnten die Frage gar nicht verstehen, schließlich war ja dieses große Gedränge, wo alle aneinander drängten. Jesus aber schaute sich um, um zu sehen, wer ihn berührt hatte. Da kam die Frau, zitternd vor Furcht, weil sie wusste, was mit ihr geschehen war; sie fiel vor ihm nieder und erzählte ihm alles. Er aber sagte zu ihr: »Meine Tochter, dein Glaube hat dir geholfen. Geh in Frieden! Du sollst von deinem Leiden geheilt sein.« (Nach Markus 5,24–34)

Anregung

Gerade wenn jemand in der Familie oder im Freundeskreis krank ist, es ihm schlecht geht, sind Abend-Oasen sinnvoll.

Eine Kerze hinter dem Monatsstern leuchtet.

Mit einem kleinen Gebet und einer kleinen Stille-Pause können wir unsere Gedanken zu dem und zu der schicken, dem/der es schlecht geht.

3. Sterben

Im Herbst fallen die Blätter von den Bäumen und sterben auf dem Boden.

Tiere sterben, weil sie alt oder krank sind: Der kleine Hase, das Meerschweinchen, der Kanarienvogel, der Igel ... Auch alle Menschen sterben einmal – die einen früher, die anderen später. Oft sind es Krankheiten oder ein Unfall, woran wir sterben.

Uns Menschen beschäftigt, was aus uns wird, wenn wir tot sind.
Dazu kann uns die Geschichte von den Raupen und den Schmetterlingen etwas Wichtiges sagen.

Eine Geschichte

Auf einem Kohlfeld waren viele Raupen und fraßen sich durch den Kohl. Sie achteten nicht auf die Sonne, den Regenbogen, die Wolken, die Vögel und auf die anderen Tiere. Sie wussten auch nicht, dass sie später Schmetterlinge sein werden.

Plötzlich kamen einige Schmetterlinge und setzten sich zu ihnen auf den Boden und sagten ihnen: »Macht euch keine Sorgen. Euer Puppensarg ist nicht das Ende. Euch werden über Nacht Flügel wachsen und ihr werdet leuchtende Farben bekommen.«

Die Raupen waren ganz empört und sagten zu den Schmetterlingen: »Haut ab, Ihr haltet uns nur vom Fressen ab. Das kann ja gar nicht sein.«

Aber die Schmetterlinge wussten es ja besser, sie waren früher auch einmal Raupen und erhoben sich leuchtend in die Luft.

Auch wir Menschen werden einmal sterben und manchmal können wir es uns nicht vorstellen, dass wir später bei Gott sind, frei, leuchtend, ohne Krankheiten und Sorgen.

Anregung

Ihr könnt diese Geschichte auch selbst malen und dabei darüber sprechen.

4. Sich in der Familie etwas zutrauen

Eine Geschichte

Heute war ein besonderer Tag: Anna ist zum ersten Mal allein zum Bäcker um die Ecke gegangen und hat eingekauft: für Mama ein Körnerbrötchen, für Papa ein Mohnbrötchen, Thomas mochte ein weißes Brötchen und sie selbst wollte ein Croissant. Auswendig wusste sie das alles, schließlich kann sie noch nicht lesen. Und dann gab es keine Mohnbrötchen, und sie hat ohne Zögern ein Sesambrötchen verlangt. Die Verkäuferin war so begeistert, dass sie Anna einen übrig gebliebenen Schokoladenosterhasen geschenkt hat.

Auch für die Eltern ist heute ein besonderer Tag: Ehrlich gesagt, war ihnen gar nicht wohl bei dem Gedanken, dass Anna allein los will. Schließlich muss sie über eine Straße. Zugegeben, es ist eine kleine Straße in einem Wohngebiet – aber man weiß ja nie. Ehrlich gesagt, der Papa war ziemlich sauer, dass die Mama das erlaubt hat, und ist sicherheitshalber hinter Anna hergeschlichen. Zugegeben, sie hat es klasse gemacht. Da ist auch der Papa stolz.

Und Thomas? Der schämt sich gerade in Grund und Boden. Direkt nach dem Frühstück hat Mama sich auf ihre neuen Inliner gestellt. Jetzt übt sie auf der Straße und seine Kumpel können sehen, wie blöd sie sich anstellt. Ist das peinlich! Obwohl, als er unauffällig aus dem Fenster guckt, sieht er, dass sie es gar nicht so ungeschickt anfängt. Sie fährt sogar schon auf dem abschüssigen Stück. Mutig. Und als Kai aus der Nachbarschaft ihm auf die Schulter haut und sagt: »Echt toll, dass deine Mutter Inliner fährt«, da ist er richtig stolz.

In der Familie kennen wir uns ganz genau. Schließlich leben wir zusammen, und das schon Jahre. Wir haben – aus Erfahrung – ganz feste Bilder voneinander: Der ist unsportlich, die ist noch viel zu klein, Papa kann nicht kochen usw. Wenn dann jemand etwas tun will, zeigen wir unsere Skepsis.

Von der berühmten Pädagogin Maria Montessori stammt der Satz: »Hilf mir, es selbst zu tun.« Dieser Satz gilt nicht nur für Kinder, sondern für alle Menschen, die sich verändern und etwas Neues wagen wollen. Die Familie könnte dann eine Gemeinschaft sein, in der sich alle gegenseitig unterstützen, etwa so:

Vater zu Anna: »Okay, du gehst Brötchen holen. Darf ich noch einmal mitgehen bis zur Straße und du zeigst mir, dass du schon allein drübergehen kannst?«

Thomas zur Mutter: »Du hast dir Inliner gekauft? Das finde ich klasse. Ich habe doch neulich einen Kurs gemacht. Wenn du willst, zeige ich dir ein paar Sachen, richtig bremsen und fallen und so.«

Anregung

Gar nicht so einfach ist, sich mal etwas Nettes, eine Anerkennung zu sagen.

Vielleicht schneidet ihr mehrere Monatssterne aus.

Ab und zu holt ihr euch einen Stern, schreibt ein Lob für jemanden aus der Familie darauf: Schnell den Stern auf das Kopfkissen des/der Betreffenden!

Gott, du traust uns ganz schön viel zu:
Uns Eltern vertraust du kleine Kinder an
– ohne Erziehungskurs und ohne Prüfung vor einer Behörde.
Den Kindern vertraust du Eltern an,
ohne eine Garantie auf gegenseitiges Verstehen.
Du traust uns zu,
dass wir als Familie miteinander leben,
ohne dass immer alles einhundertprozentig abgesichert ist.
Das traust du uns zu.
Schenk uns diese Haltung des Zutrauens:
in unsere Familie, in die Menschen, in das Leben.
Schließlich musst du es ja wissen.
Amen.

Marlies Mittler-Holzem

Dezember

1. Advent – Warten

UNSER MONATSBILD: DEZEMBER

Vorahnung – Advent – Nikolaus: Alles weist auf ein Geheimnis hin.
An Weihnachten kommt uns Gott im Bild einer Familie entgegen. Im Verborgenen ist das Neue schon da. Der Stern über Bethlehem durchbricht das Dunkel der Nacht. Das ist unser Stern.

Warten ...

... fällt uns manchmal gar nicht so leicht. Wenn wir uns auf etwas freuen, auf ein schönes Fest zum Beispiel, dann scheinen die letzten Stunden davor viel langsamer zu vergehen als an anderen Tagen. Wir haben das Gefühl, als wollten die Zeiger der Uhr gar nicht vorwärts gehen.

Eine lange Wartezeit – Eine Geschichte

Heute ist Samstag. Aber es ist kein gewöhnlicher Samstag: Oma und Opa kommen zu Besuch! Eine ganze Woche wollen sie bleiben, und schon zum Mittagessen werden sie erwartet! Die Großeltern wohnen in einer anderen Stadt, sehr weit entfernt, und ihr Besuch ist etwas ganz Besonderes für Michael. Er freut sich riesig auf Oma und Opa und kann es gar nicht erwarten, bis sie endlich kommen!

Michaels Papa klappert in der Küche mit den Töpfen herum. Wenn Besuch kommt, kocht immer der Papa. Michael stellt sich neben ihn: »Papa, wie spät ist es denn?« »Halb zehn«, antwortet Papa. »Und wann kommen die Großeltern?«, fragt Michael. »Na ja, so gegen zwölf wollten sie da sein«, meint Papa, und beginnt, die Zwiebeln zu schneiden. »Du, Papa ...?« »Ach Michael, du siehst doch, dass ich hier beschäftigt bin. Ich möchte doch schließlich, dass das Essen richtig lecker wird, und dieses Gericht hier mache ich zum ersten Mal!«, und mit einem Seitenblick auf sein dickes Kochbuch wendet er sich wieder ab.

Michael seufzt und geht dann langsam in sein Zimmer. Er schaut sich im Zimmer um, sein Blick fällt auf seine vielen Spielzeugautos. Mit denen hat er schon lang nicht mehr gespielt. Aber irgendwie hat er dazu jetzt auch keine Lust.

Er hört den Schlüssel in der Wohnungstüre. Mama ist vom Einkaufen zurück. »Hallo, ich bin wieder da!«, hört er sie rufen, und dann verschwindet sie mit ihren großen Einkaufstüten in der Küche. Michael hört, wie sich seine Eltern unterhalten.

Ihm ist ja sooo langweilig ... und die Zeit will heute überhaupt nicht vergehen. Da taucht plötzlich die Mama in der Türe auf. »Hm«, schmunzelt sie, »der Papa hat mich gerade aus der Küche verbannt, er will beim Kochen nicht gestört werden! Und was machen wir beide nun?«

Michael freut sich: »Au fein, dann spielen wir was!« Die beiden setzen sich auf den Boden und spielen Domino. Michael hat sehr viel Glück heute, immer hat er die Steine, die am besten passen. Ein Spiel nach dem anderen gewinnt er, und immer wieder spielen sie, ein Spiel nach dem anderen ...

Die beiden haben über ihrem Domino ganz vergessen, wie schnell die Zeit dahinfliegt. Plötzlich klingelt es an der Tür. Michael guckt verdutzt seine Mama an: »Sind sie das schon?«

Mama schaut auf die Uhr: »Meine Güte, es ist ja schon fast zwölf!« Michael springt auf und rennt zur Türe, öffnet sie und fällt seinem Opa und seiner Oma abwechselnd um den Hals ...

Barbara Berger

Immer wieder müssen wir in unserem Leben auf etwas warten: auf einen Besuch, auf ein Fest, auf den ersten Schultag, auf ein Geschenk ...

In jedem Jahr gibt es auch Zeiten, die für alle Menschen zum Warten bestimmt sind, zum Beispiel die Wochen vor dem Osterfest, oder die Wochen vor Weihnachten: *der Advent*. Das Wort Advent kommt von dem lateinischen Wort Adventus, und das heißt übersetzt: Ankunft. Der Advent ist also eine Wartezeit auf die Ankunft von Jesus, Gottes Sohn, der als Kind auf die Welt kommt. Wenn diese Zeit des Wartens gestaltet wird, erscheint sie uns nicht so lang.

Anfang des 20. Jahrhunderts, also vor etwa 100 Jahren hat sich ein Mann namens Gerhard Lang etwas ausgedacht, um Kindern und Erwachsenen die lange Wartezeit im Advent zu verkürzen: den Adventskalender. Dieser Adventskalender war ein Kartonbogen mit 24 Kästchen, und in jedem dieser Kästchen wurde in Versen ein Teil der Weihnachtsgeschichte erzählt. Schon vor diesem ersten gedruckten Adventskalender gab es jedoch verschiedene Bräuche, das Warten im Advent zu gestalten.

Ihr kennt sicherlich verschiedene Formen von Adventskalendern: es gibt welche, bei denen sich hinter jedem Türchen ein kleines Bild versteckt, oder auch ein Stück Schokolade.

Anregung – Der Familien-Adventskalender

Hier zwei verschiedene Ideen, einen Adventskalender in der Familie zu gestalten:

Aus kleinen Kartonschachteln könnt ihr mit Buntpapier, Watte und ein bisschen Fantasie ein winterliches Dorf mit kleinen Häuschen gestalten. Ihr könnt auch ein Plakat anfertigen, an dem 24 kleine Schachteln angebracht sind – und in jedem dieser 24 Verstecke ist dann eine Überraschung füreinander – wunderbare Tipps, im Advent die Abend-Oasen zu gestalten:

- eine Geschichte, die ihr gemeinsam lesen könnt
- ein Lied, das ihr gern singt
- eine Bastelanleitung für Strohsterne oder anderen Weihnachtsschmuck
- ein Rezept für Weihnachtskekse, die ihr dann gemeinsam backt
- ein Mandala zum Ausmalen
- ein gemeinsamer Spaziergang, um Barbarazweige zu sammeln
- ein Spaziergang auf den Weihnachtsmarkt
- ein Schneespaziergang mit Schneemannbauen
- ein Spieleabend
- ein Spaziergang zum Sammeln von Naturmaterial für eure Weihnachtskrippe ...

Euch fallen bestimmt noch viele andere Möglichkeiten ein!

Eine weitere Möglichkeit ist, aus Moos, Steinen, Wurzeln, Ästchen und anderen Naturmaterialien eine Landschaft um eure Weihnachtskrippe aufzubauen. In diese Landschaft legt ihr einen Weg aus Kieselsteinen oder Sand, der zur Krippe führt. Jeden Abend stellt ihr ein Teelicht auf diesen Weg, und jeden Abend kommt ein neues Licht dazu, bis schließlich 24 Lichter am Heiligen Abend diesen Weg zur Krippe erleuchten.

2. Advent – Nikolaus

Rätsel

Am Abend, wenn es dunkel wird,
und's draußen schneit und alles friert,
klopft jemand leis' an der Türe an –
wer das so spät wohl sein kann?

Ein gütiger Mann steht vor uns'rer Tür,
mit prächtigem Gewand – das glaube mir –
und einem weißen Bart bis auf den Bauch!
Einen goldenen Bischofsstab hat er auch.

Eine Mitra trägt der Mann als Hut,
diese Bischofsmütze steht ihm gut!
Er hat sogar an uns Kinder gedacht,
und einen großen Sack mitgebracht.

Darin sind viele Köstlichkeiten,
die uns sehr viel Freude bereiten.
Ob ihr schon wisst
Wer das wohl ist?
Nein???
Dann guckt euch mal gemeinsam an
was die folgende Legende erzählen kann:

Barbara Berger

Die goldenen Äpfel – Eine Geschichte

Vor langer Zeit lebte einmal ein Kaufmann, dem war seine Frau gestorben. Er war darüber so traurig, dass ihm seine Geschäfte gleichgültig wurden. Er saß oft in Kneipen und versuchte seinen Kummer mit Wein und Schnaps zu ertränken. So verschleuderte er in kurzer Zeit sein gesamtes Geld, und wurde ein sehr armer Mann.

Nun hatte der Kaufmann aber drei Töchter. Die sollten bald heiraten. Damals aber war es üblich, dass die Töchter bei der Hochzeit eine Aussteuer mit in die Ehe nehmen sollten. Und für die Aussteuer seiner Töchter fehlte dem armen Mann nun das Geld. Er kam in seiner Not auf einen seltsamen Gedanken: Er wollte die jüngste seiner Töchter auf dem Sklavenmarkt verkaufen, damit die beiden älteren Töchter eine Aussteuer bekommen konnten.

Davon hörte der Bischof der Stadt, Nikolaus. Er lief zu all seinen Freunden und sammelte Geld. Am Abend hatte er einen ganzen Sack voller Goldstücke beisammen. Heimlich schlich er sich in den Garten des Kaufmanns und warf den Beutel durch ein offenes Fenster. Als der Kaufmann am nächsten Tag das Gold fand, dankte er dem Himmel und bald darauf fand eine prächtige Hochzeit für seine älteste Tochter statt.

Nun aber war das ganze Geld verbraucht. So sammelte der Bischof ein weiteres Mal Gold bei seinen Freunden und warf es wieder heimlich durch ein offenes Fenster in das Haus des Kaufmanns, damit auch die zweite Tochter heiraten konnte.

Und ein drittes Mal sammelte Bischof Nikolaus Geld, um auch der jüngsten Tochter eine Hochzeit zu ermöglichen. Der Kaufmann aber war inzwischen neugierig geworden und wollte wissen, woher das viele Gold kam, und so legte er sich auf die Lauer. Als nun der Bischof nachts in den Garten schlich, und das Gold durch das offene Fenster warf, da sprang der Kaufmann aus dem Versteck und packte Nikolaus am Mantel. Dieser schlüpfte aber schnell heraus und lief durch die Dunkelheit davon.

Am nächsten Abend legte sich der Kaufmann den Mantel des Fremden um und ging in die Kneipe. Der Wirt sah ihn erstaunt an und deutete auf den Mantel: »Bist du nun schon so arm geworden, dass du dir den Mantel des Bischofs stehlen musst?« Da erkannte der Kaufmann, wer ihm in seiner Not dreimal geholfen hatte, und schämte sich. Er lief eilends zum Haus des Bischofs Nikolaus, faltete den Mantel und legte ihn auf die Türschwelle. Doch, als hätte Nikolaus den armen Kaufmann erwartet, öffnete er die Türe und bat den Kaufmann zu sich ins Haus. Dem Kaufmann wurde bewusst, was für ein liederliches Leben er geführt hatte und welch eine schlechter Vater er seinen drei Töchtern gewesen war. Er fiel vor dem Bischof auf die Knie. Aber Nikolaus zog ihn empor und sagte zu ihm: »Mit Gold und Reichtum kommt viel Unglück in die Welt. Aber ab und zu kann man damit auch helfen und die Not lindern. Danke nicht mir, sondern danke dem, der uns daran erinnert, in unserem Leben die Liebe und die Güte walten zu lassen.« Und dabei zeigte Nikolaus zum Himmel hinauf.

Der heilige Nikolaus war ein Bischof. Er lebte um das Jahr 300 in Myra, einer Hafenstadt, die in der heutigen Türkei liegt. Er hatte von seinen Eltern einen großen Besitz geerbt, mit dem er ein recht bequemes Leben führen hätte können. Nikolaus aber verwendete all sein Gold und seinen Reichtum, um damit Menschen in Not zu helfen. Die Menschen von Myra waren beeindruckt von seiner Güte und wählten ihn schließlich zum Bischof. Heute noch gibt es viele Legenden, die von seiner Freundlichkeit gegenüber den Menschen und von seinen guten Taten erzählen. Er setzte sich sein ganzes Leben für andere Menschen ein. Nikolaus ist der Schutzpatron der Kinder, Schüler und der Schiffsleute. Sein Tun erinnert uns daran, nicht nur an unser eigenes Wohlergehen zu denken, sondern auch darauf zu achten, wie es den Menschen um uns herum geht. Nikolaus hat uns gezeigt, dass wir nicht die Augen vor der Not unserer Mitmenschen verschließen sollen. Wenn wir bemerken, dass es anderen Menschen nicht gut geht, sollen wir versuchen, ihnen zu helfen und so ihre Not zu lindern.

Anregung

Überlegen Sie gemeinsam in der Familie während einer Abend-Oase:

- Kennen wir Menschen, denen es nicht so gut geht wie uns?
- Können wir diesen Menschen vielleicht helfen?
- Was können wir tun, um diesen Menschen ein bisschen Freude in ihr Leben zu bringen?

Oft sind es scheinbare Kleinigkeiten, die anderen Menschen große Freude bereiten: eine nette Karte schreiben oder ein Bild malen, ein paar freundliche Worte, eine Einladung zu Tee und Plätzchen ... So etwas planen wir für heute Abend.

3. Advent – Licht im Dunkel

Dunkelheit

Der Advent ist eine Zeit des Wartens, wir warten auf die Geburt von Jesus Christus, die wir an Weihnachten feiern. Der Advent ist aber auch jene Zeit im Jahr, in der die Tage immer kürzer werden und die Dunkelheit des Abends immer früher hereinbricht. Dunkelheit löst bei uns Menschen vielfältige Gefühle aus: Vielen Menschen wird es in der Dunkelheit ein wenig unheimlich zumute. Manche fürchten sich richtig, wenn es dunkel um sie ist. Die Dunkelheit ist aber auch etwas Geheimnisvolles, das uns Menschen fasziniert.

Anregung – Ein Dunkelheits-Erlebnis

Für die folgende Anregung sollten Sie eine Kerze für jedes Familienmitglied und Zündhölzer bereitlegen, um später ein Licht zu entzünden:

Versammeln Sie sich abends, wenn es draußen schon dunkel ist, gemeinsam mit Ihren Kindern. Schalten Sie das Licht aus, und versuchen Sie gemeinsam mit Ihren Kindern die Dunkelheit im Raum zu er-spüren:

Wie fühlt sich die Dunkelheit an?

Können wir die Dunkelheit hören, wenn wir ganz leise werden?

Wenn wir uns in der Dunkelheit die Hände reichen – verändert sich dann die Dunkelheit? Verändern sich dann unsere Gedanken und Gefühle?

Zünden Sie eine Kerze an. (Halten Sie weitere Kerzen bereit.)

Versuchen Sie zu beobachten, wie die Strahlen dieser Kerze den Raum erhellen. Ihre zarte Flamme ist so klein, und dennoch ist die große Dunkelheit des gesamten Raumes, die gerade noch so mächtig war, viel schwächer als das Leuchten der Kerze.

Vielleicht reicht der Schein dieser Kerze aus, um in ihrem Licht die folgende Geschichte vorzulesen:

Die kleine Laterne – Eine Geschichte

Es war einmal eine kleine Laterne, die wanderte durch einen tiefen, finsteren Wald. Es war sehr, sehr dunkel, aber die kleine Laterne trug ihr Lichtlein vorsichtig und es erhellte ihr die Dunkelheit.

Der Sturm brauste und die Wipfel der hohen Tannen wiegten sich im Wind, sodass die Stämme ächzten und knirschten. Es war ein wenig unheimlich in diesem Wald, aber die kleine Laterne trug ihr Lichtlein vorsichtig und brauchte sich nicht zu fürchten.

Da brach die Nacht herein. Und in dem tiefen, finsteren Wald wurde es noch dunkler. Man konnte kaum die eigene Hand vor den Augen sehen, aber die kleine Laterne trug ihr Lichtlein vorsichtig und es erleuchtete ihr den Weg.

Plötzlich erhob sich ein heftiger Windstoß und – blies der kleinen Laterne ihr Licht aus!

Es war auf einmal sehr, sehr dunkel – die kleine Laterne konnte gar nichts mehr sehen.

Das Ächzen der Bäume klang nun sehr unheimlich – die kleine Laterne fürchtete sich.

Und der Wind blies jetzt so heftig – die kleine Laterne begann zu frieren.

Da sah die kleine Laterne zwischen den Ästen der Bäume einen Lichtschein. Er kam immer näher, und auf einmal erkannte die kleine Laterne: Noch jemand war da im Wald unterwegs! Es war eine andere kleine Laterne, und das Licht dieser Laterne hatte der Wind nicht ausgeblasen.

Die kleine Laterne fragte schüchtern die fremde Laterne: »Kannst du mir von deinem Licht etwas abgeben? Zündest du bitte meine Kerze wieder an?«

Die fremde Laterne überlegte: »Wenn ich dir von meinem Licht etwas abgebe, dann wird bestimmt mein Licht auch bald schwächer. Wenn ich dir die Hälfte von meinem Licht gebe, dann reicht es vielleicht für mich nicht mehr! Womöglich wird mein Licht dann so schwach, dass es mir der Wind ausbläst?«

»Ach, bitte, teile dein Licht mit mir!«, bettelte unsere kleine Laterne verzweifelt.

Die fremde Laterne überlegte noch ein wenig und schließlich fasste sie sich ein Herz und teilte ihr Licht mit der kleinen Laterne. Die kleine Laterne war überglücklich, als ihre Kerze wieder brannte und ihr zartes Licht und ihre Wärme verbreitete. Sie bedankte sich herzlich bei der fremden Laterne. Die beiden konnten nun ihren Weg fortsetzen und beschlossen gemeinsam durch den dunklen Wald zu gehen. Denn das Licht von zwei Laternen war stärker als das Licht einer einzigen.

Wir teilen unser Licht

Machen Sie es nun wie die beiden Laternen in der Geschichte: Teilen Sie Ihr Licht miteinander. Geben Sie das Licht der bereits entzündeten Kerze an eine Kerze eines Familienmitglied weiter. Lassen Sie nun auch dieses neu entstandene Licht weitergeben, bis alle eine brennende Kerze haben.

Genießen Sie gemeinsam das weiche Licht, das sich nun im Raum ausbreitet.

Meditation

Im Licht der Kerzen liest nun ein Familienmitglied den folgenden Besinnungstext vor:

Meine kleine Kerze, dein Licht strahlt hell und sanft.
Dein Licht gibt Wärme.
Dein Licht kann meine Gefühle berühren
und ist ihnen angenehm.
Meine kleine Kerze,
du bist mächtiger als die große Dunkelheit.
Danke, dass du die Finsternis vertreibst
und bei mir bist.
Ich möchte auch sein wie das Licht einer Kerze:
Wärme schenken,
Dunkelheit erhellen,
Angst vertreiben
und Mut machen.

Barbara Berger

4. Advent – Unser Stern

Wir sind auf dem Weg

In diesem Buch werden wir jeden Monat von einem kleinen Stern begleitet. Auf jeder Seite, in jedem Monatsbild sehen wir ihn – er begleitet uns auf dem Weg durch dieses Buch. Sterne können wir auch am Himmel sehen. Habt ihr euch den Himmel schon einmal ganz genau angeschaut? Es gibt viele Sterne am Himmel. Manche von ihnen strahlen besonders hell. Man kann sie gut sehen. Andere Sterne sind kleiner, ihre Strahlen sind nicht so stark. Man muss schon sehr genau hinschauen, um sie leuchten zu sehen.

Eine Stern-Geschichte

Es war einmal ein kleiner Stern. Er war sehr klein und leuchtete deshalb nicht so hell wie seine Brüder und Schwestern. Die Menschen achteten nur auf die großen, starken Sterne und bewunderten ihr helles Licht. Aber den kleinen Stern bemerkten die meisten gar nicht. Das machte den kleinen Stern manchmal ein bisschen traurig.

Wieder einmal war es Abend geworden und die Sterne begannen zu funkeln. Auch der kleine Stern glänzte vor sich hin. Da bemerkte er unter sich auf der Erde ein kleines Licht, das unruhig flackerte. Er sah genauer hin und konnte erkennen, woher das Licht kam: Auf einem Feld hatten sich einige Menschen um ein Feuer versammelt. Es waren Hirten. Sie hatten ein Lagerfeuer gemacht, um sich zu wärmen und die Dunkelheit der Nacht zu erhellen. Um sie herum lagen Schafe auf der Weide und schliefen. Als der Stern noch genauer hinschaute, erkannte er, dass unter den Hirten auch ein kleiner Junge war. Dieser kleine Hirte wärmte sich auch am Feuer. Dann legte er sich auf das weiche Gras, wickelte sich in eine Decke ein und sah hinauf in den Himmel. Die Blicke des kleinen Hirten und des kleinen Sterns trafen sich. Der kleine Hirte setzte sich überrascht auf und schaute angestrengt in den Himmel. Und der kleine Stern erschrak ein wenig und sein Licht blinkte irritiert. Noch nie hatte ihn ein Mensch so direkt angeblickt! Als er sich wieder beruhigt hatte, sah er wieder nach unten. Der Hirte lächelte ihn freundlich an und der kleine Stern blinkte zurück. In diesem Moment spürte der kleine Stern, dass diese Nacht etwas ganz Besonderes war. Er wusste nicht genau, weshalb er dieses Gefühl hatte. Aber er war sich ganz sicher, dass dieser Moment sehr wichtig war. Auch der kleine Hirte spürte das und beide warteten gespannt, was nun passieren würde.

Plötzlich erhellte sich der Himmel und ein wunderbares Licht umstrahlte sie. Ein Licht, das sie noch niemals gesehen hatten. Die Hirten sprangen erschrocken auf und blickten verstört um sich. Die Schafe begannen ängstlich zu blöken. Nur der kleine Hirte blieb ganz ruhig sitzen und hatte keine Angst. Auch die Sterne am Himmel begannen nervös zu blinken, denn so etwas hatten sie noch nie erlebt. Ein solch helles Licht inmitten der dunklen Nacht! Nur der kleine Stern blieb ruhig und wartete neugierig, was nun geschehen würde.

Aus dem Licht erklang eine Stimme, die zu ihnen sprach:

»Fürchtet euch nicht, denn ich verkünde euch eine große Freude, die dem ganzen Volk zuteil werden soll: Heute ist euch in der Stadt Davids der Retter geboren; er ist der Messias, der Herr. Und das soll euch als Zeichen dienen: Ihr werdet ein Kind finden, das in Windeln gewickelt ist und in einer Krippe liegt.« Und plötzlich umgab sie ein himmlischer Lobgesang. Langsam wurde es wieder dunkel und die Nacht umgab sie. Die Hirten blickten sich an und obwohl einige von ihnen schon sehr alt waren und das Leben sie klug und weise gemacht hatte, wussten sie nun nicht genau, was sie tun sollten: Sie hatten die Stimme gehört, die ihnen von einem kleinen Kind erzählt hatte, das sie nun suchen sollten. Dieses Kind, das in einem armseligen Stall in einer Krippe lag, sollte der Messias, der Herr sein? Sie sprachen aufgeregt miteinander und waren ratlos.

Der kleine Hirte aber blickte nach oben. Und der kleine Stern blinkte ihm aufgeregt zu. Er spürte genau, was nun seine Aufgabe war: Er sollte die Hirten zu dem Stall führen. Und obwohl er klein war und sein Licht nicht so stark leuchtete, hatte er dieses Aufgabe bekommen! Der kleine Hirte schien dies auch alles zu verstehen, und er vertraute auf seinen kleinen Stern. Während die alten Hirten noch aufgeregt miteinander sprachen, sagte der kleine Hirtenjunge zu ihnen: »Ich weiß, wohin wir gehen müssen!« »Was, du? Woher willst ausgerechnet du wissen, wohin wir nun gehen sollen? Du bist doch noch viel zu klein! Weißt du überhaupt, was du da sagst?!« Die Hirten wollten dem kleinen Jungen nicht glauben. Dieser aber zeigte zum Himmel hinauf und meinte: »Seht ihr den kleinen Stern dort oben? Er kennt den Weg, und er wird ihn uns zeigen! Vertraut mir!« Die Hirten blickten sich ungläubig an und einige von ihnen brummelten missmutig. Aber sie spürten eine wunderbare Kraft in den Worten des kleinen Hirten und schließlich willigten sie ein. Die Hirten holten ihre Schafe zusammen und machten sich gemeinsam auf den Weg. Und der kleine Stern wies ihnen blinkend den Weg.

Barbara Berger

Anregung – Das letzte Stück des Weges

Nun ist es nicht mehr lange bis Weihnachten. Der Advent, die Zeit der Vorbereitung und des Wartens auf die Ankunft Jesu Christi ist fast vorüber. So wie sich die Hirten auf den Weg nach Bethlehem gemacht haben, so sind auch wir dem Weihnachtsfest schon sehr nahe.

Lassen Sie die Geschichte der Hirten noch einmal auf sich wirken – welche Gedanken löst sie bei jedem einzelnen Familienmitglied aus?

Für Kinder kann es faszinierend sein, dass der kleinste, jüngste Hirte den Weg weist. Kinder erleben oft, dass ihnen nicht zugetraut wird, auch einmal eine Richtung vorzugeben. Aber in unserer Geschichte ist es ausgerechnet der kleinste Hirte, der schließlich die alten und weisen Hirten auf dem Weg zum Stall führt.

Auch für Erwachsene ist diese Wendung beeindruckend und kann zum Nachdenken anregen – sind wirklich immer wir »Großen« diejenigen, die eine Richtung bestimmen müssen? Oder können wir uns manchmal auf kindliche Intuitionen und Wünsche einlassen?

Woran orientieren wir uns auf unserem Weg des Lebens? Welchen Sternen folgen wir auf diesem Lebens-Weg? Orientieren wir uns an den großen, funkelnden Sternen, oder achten wir ab und zu auch auf die kleineren, die nicht so auffallend strahlen?

Der Advent ist für viele Menschen schon lange nicht mehr »die stillste Zeit im Jahr« – Geschenke besorgen, die Weihnachtspost erledigen, einkaufen, Adventsfeiern besuchen ... Da kann der eigentliche Sinn dieses Festes leicht aus dem Blick geraten.

Das Ziel der Adventszeit, Weihnachten, liegt nun greifbar nahe. Vielleicht gelingt es Ihnen, langsam zur Ruhe zu kommen. Sie können miteinander während einer Abend-Oase überlegen, was dazu beiträgt, dass es in Ihrer Familie wirklich Weihnachten werden kann.

Stern über Bethlehem

Stern über Bethlehem
zeig uns den Weg!
Führ uns zur Krippe hin,
zeig, wo sie steht!
Leuchte du uns voran
bis wir dort sind.
Stern über Bethlehem
führ uns zum Kind!

Alfred Hans Zollner

5. Weihnachten

Die Ankunft Jesu

In jenen Tagen erließ Kaiser Augustus den Befehl, alle Bewohner des Reiches in Steuerlisten einzutragen. Da begaben sich alle Frauen und Männer in ihre Stadt, um sich eintragen zu lassen.

So zog auch Josef von der Stadt Nazareth in Galiläa hinauf nach Judäa in die Stadt Davids, die Bethlehem heißt; denn er war aus dem Haus und dem Geschlecht Davids. Er wollte sich eintragen lassen mit Maria, seiner Frau. Maria erwartete ein Kind. Es war für sie eine beschwerliche Reise. Als Maria und Josef in Bethlehem angekommen waren, spürte Maria, dass sie nun bald ihr Kind gebären sollte. Josef suchte eine Unterkunft, aber in der Herberge war kein Platz für sie. Maria und Josef suchten in einem kleinen Stall Zuflucht. Bald darauf brachte Maria ihren Sohn, den Erstgeborenen zu Welt, wickelte ihn in Windeln und legte ihn in eine Krippe.

Nach Lukas 2,1–7

In der letzten Abend-Oase wurde die Geschichte eines kleinen Hirtenjungen erzählt. Dieser Hirte folgte dem kleinen Stern, der ihm und den anderen Hirten den Weg nach Bethlehem zeigte. Hier geht diese Geschichte nun weiter:

Der kleine Hirte sah immer wieder angestrengt in den Himmel, um den kleinen Stern nicht aus den Augen zu verlieren. Die alten und weisen Hirten hatten anfangs ihre Zweifel, ob sie sich auf den kleinen Hirtenjungen verlassen konnten. Aber auch sie verfolgten nun den Weg des kleinen Sterns und fassten allmählich Vertrauen. Es musste wirklich etwas Besonderes mit diesem kleinen Stern auf sich haben, den je weiter die Hirten gingen, umso heller strahlte sein Licht. Lange waren die Hirten unterwegs und es war ein anstrengender Marsch. Sie hatten auch alle ihre Schafe dabei und es war nicht leicht, die Herde in der Dunkelheit beisammenzuhalten.

Nach einige Zeit erblickten sie in der Ferne ein schwaches Licht und genau über dieser Stelle blieb der kleine Stern – der mittlerweile ein glänzendes, helles Licht ausstrahlte – stehen und blinkte aufgeregt. »Hier ist es!«, rief der kleine Hirte, »seht doch, der Stern ist stehen geblieben und blinkt uns zu!« Schnell liefen sie hin. Als sie näher kamen, sahen sie einen kleinen Stall, aus dem der schwache Lichtschein einer Laterne drang. Sie vergewisserten sich noch einmal, ob der Stern wirklich stehen geblieben war. Tatsächlich: Das musste ihr Ziel sein.

Sie gingen in den Stall und sahen Maria, Josef und das kleine Kind, das in Windeln gewickelt in einer Krippe lag. Überrascht blieben die Hirten stehen. Sie erinnerten sich an die Stimme des Himmels:

»Fürchtet euch nicht,
denn ich verkünde euch eine große Freude,
die dem ganzen Volk zuteil werden soll:
Heute ist euch in der Stadt Davids der Retter geboren;
er ist der Messias, der Herr.
Und das soll euch als Zeichen dienen:
Ihr werdet ein Kind finden, das in Windeln gewickelt ist und in einer Krippe liegt.«

Einige der Hirten waren verunsichert: Da lag ein kleines, neugeborenes Kind in einer Futterkrippe, in Windeln gewickelt, und dieses kleine Kind sollte der Retter der Menschen sein, der Messias, der Herr? Aber ihr Glaube an das, was sie gehört und gesehen hatten, war stärker als alle Zweifel, und so blieben sie ehrfürchtig stehen. Einer der Hirten gab Josef ein Stück Käse aus seinem Beutel, ein anderer holte ein Stück Brot heraus. Obwohl die Hirten selbst sehr arm waren, hatte jeder eine kleine Gabe für die Familie. Auch andere Menschen kamen allmählich heran, um zu sehen, was in dem kleinen Stall zu Bethlehem Wunderbares geschehen war.

Der älteste Hirte erzählte schließlich Maria und Josef, was über dieses Kind gesagt worden war, und berichtete über ihren Weg zum Stall. Alle staunten über die Worte des Hirten. Maria aber bewahrte diese Dinge in ihrem Herzen und dachte darüber nach. Später kehrten die Hirten zurück auf ihre Weide und rühmten und lobten Gott für alles, was sie gehört und gesehen hatten.

Aber noch einer wurde gelobt: der kleine Hirtenjunge, der sie alle mit seinem Vertrauen auf den kleinen Stern und seinem Mut sicher zum Stall geführt hatte!

Barbara Berger, nach Lukas 2,8–20

Anregung

Vielleicht haben Sie kurz vor Weihnachten für einen gemeinsamen Nacht-Spaziergang Zeit. Vielleicht gelingt es, miteinander still zu sein und auf die Lichter um Sie herum zu schauen. Wieder daheim, sprechen Sie vor der bereits aufgebauten, aber noch leeren Weihnachtskrippe:

Weihnachtsgedanken

JESUS, wir haben uns auf den Weg gemacht.
Nun finden wir dich:
In einem armseligen Stall liegst du in einer Krippe,
weil nirgendwo ein Platz für dich war.
Und nun liegt es an uns, dir einen Platz zu bereiten:
in unserem Leben, in uns selbst.

GOTT, auf unserem Weg
sind wir Menschen begegnet, die kein Zuhause haben.
Es liegt an uns, den Menschen zu helfen, die einsam sind,
die Hunger leiden, krank sind oder in Armut leben.

GOTT, immer wieder passiert es uns, dass wir von unserem Weg abkommen.
Wir müssen stehen bleiben,
uns neu orientieren und den Weg neu finden.
Bleibe bei uns und hilf uns,
den richtigen Weg in unserem Leben nicht zu verlieren,
auch wenn er manchmal steinig ist.
Amen.

Barbara Berger